U0603937

全业务运营与规制变革

——中国电信业网络接入规制研究

李美娟 著

科学出版社

北 京

内 容 简 介

本书立足于中国电信业全业务运营环境，以网络接入为切入点，在总结国内网络接入规制现状并借鉴国外经验的基础上，通过构建数理模型，从单向接入和双向接入两个方面分析中国电信业网络接入规制问题。对于单向接入，主要从价格和非价格策略行为角度分析了接入规制的必要性以及接入规制政策的制定；对于双向接入，从静态和动态两个视角分析了如何进行接入定价规制以提高网络竞争效率。最后，根据前面分析得出的结论，提出在全业务运营环境下中国电信业网络接入规制变革的发展方向，并给出相应的政策建议。

本书适合产业经济学专业的研究人员、政府相关决策部门从事电信业规制政策制定的工作人员，以及高等院校从事产业经济学研究的教师及研究生阅读参考。

图书在版编目(CIP)数据

全业务运营与规制变革——中国电信业网络接入规制研究/李美娟著.
—北京: 科学出版社, 2017.7 (2018.12 重印)
　ISBN 978-7-03-053950-2

　Ⅰ.①全…　Ⅱ.①李…　Ⅲ.①电信–通信网–用户接入–研究–中国　Ⅳ.①F632

中国版本图书馆 CIP 数据核字 (2017) 第 168320 号

责任编辑：张　展　朱小刚/责任校对：葛茂香
责任印制：罗　科/封面设计：陈　敬

科 学 出 版 社 出版
北京东黄城根北街16号
邮政编码：100717
http://www.sciencep.com

四川煤田地质制图印刷厂印刷
科学出版社发行　各地新华书店经销
*

2017 年 7 月第　一　版　开本：B5 (720×1000)
2018 年 12 月第二次印刷　印张：7 3/4
字数：160 千字
定价：55.00 元
(如有印装质量问题，我社负责调换)

前　　言

　　中国电信业作为垄断行业，自 1994 年引入竞争以来，不断地深化改革。2008 年 5 月，中国电信业重组，形成中国移动通信集团公司（即中国移动）、中国联合网络通信集团有限公司（即中国联通）和中国电信集团公司（即中国电信）这三家大型企业全业务运营的竞争格局，此时，市场规制的变革以及实施对市场有效竞争格局的规范有至关重要的作用。网络接入问题是影响电信市场能否形成有效竞争的关键，因为电信业本身的特点决定了电信竞争的必要条件是平等接入，实现互联。在全业务运营环境下，中国电信业网络接入矛盾更加突出，部分运营商阻碍网间互联的行为更加隐蔽，如何对网络接入规制进行相应变革，从而优化电信网络的互联互通、促进电信业的有效竞争及增加社会福利，是政府在全业务背景下必须重视的问题。目前，对于电信业网络接入规制问题的研究，国内学者主要是定性分析政策制定方面的问题，而从理论上定量深入分析则还处在起步阶段。本书将定量深入分析全业务运营环境下中国电信业网络接入规制变革问题，望能对改善我国该方面理论研究落后于实践的现状作有益的探索。

　　电信业网络接入问题一直以来都是理论界和实务界广泛探讨的议题之一，中国电信业在全业务运营环境下，如何建立合理的接入资费结构以及相应的接入规制制度，成为目前国内学术界研究的热点问题，也成为规制机构和电信运营商讨论的核心问题。因此，本书通过数理模型分析和实证研究，系统地提出了全业务运营环境下中国电信业网络接入规制变革的理论方案与政策措施，希望能为完善中国电信业网络接入规制提供理论支持，为电信规制机构提供决策参考依据。

　　本书的逻辑结构与框架体系如下：

　　第一章讲述本书中所涉及的一些重要概念和研究背景和意义，以及国内外的研究现状和主要研究内容。

　　第二章讲述全业务运营环境下中国电信业网络接入规制的现状及存在的主要问题。

　　第三章探讨国外典型国家电信业网络接入规制的经验与借鉴。

　　第四章分析全业务运营环境下中国电信业单向接入规制与业务竞争问题。

　　第五章从静态的视角分析全业务运营环境下中国电信业双向接入规制问题。

　　第六章从动态的视角分析全业务运营环境下中国电信业双向接入定价规制问题。

第七章分析了全业务运营环境下中国电信业网络接入规制变革的发展方向并提出了相关政策建议。

由于作者水平有限，书中难免有不妥之处，请读者不吝指正。

目　　录

第一章　导论 ……………………………………………………… 1

　第一节　相关概念界定 …………………………………………… 1

　　一、全业务运营 ……………………………………………… 1

　　二、瓶颈设施 ………………………………………………… 1

　　三、网络接入 ………………………………………………… 2

　第二节　研究背景及意义 ………………………………………… 4

　　一、研究背景 ………………………………………………… 4

　　二、研究意义 ………………………………………………… 5

　第三节　国内外研究现状 ………………………………………… 5

　　一、单向接入规制 …………………………………………… 6

　　二、双向接入规制 …………………………………………… 7

　　三、已有研究的不足 ………………………………………… 10

　第四节　研究内容 ………………………………………………… 11

第二章　全业务运营环境下中国电信业网络接入规制现状及存在的主要问题
　　………………………………………………………………… 12

　第一节　中国电信业全业务运营竞争格局的形成 ……………… 12

　第二节　中国电信业网络接入的发展历程 ……………………… 14

　　一、基本电信业务市场开放以前(1949～1994 年) …………… 14

　　二、引入竞争机制，网络接入问题初步出现(1994～1998 年) ……… 14

　　三、网络接入逐步规范化(1998～2008 年) …………………… 15

　　四、网络接入出现新局面(2008 年以后) ……………………… 16

　第三节　全业务运营环境下中国电信业网络接入规制现状 …… 17

　　一、以有效接入为核心的网络接入规制政策现状 …………… 17

　　二、以网间结算为核心的接入定价规制现状 ………………… 19

　第四节　全业务运营环境下中国电信业网间互联障碍 ………… 20

　　一、主要电信运营商的网间互联 …………………………… 20

　　二、全业务运营环境下中国电信业网间互联障碍 ………… 21

　第五节　全业务运营环境下中国电信业网络接入规制存在的主要问题 …… 23

　　一、网络接入规制政策存在的问题 ………………………… 23

二、接入定价政策存在的问题 ·················· 25

第三章　国外典型国家电信业网络接入规制经验及借鉴 ·········· 27

第一节　国外典型国家电信业网络接入规制经验 ·············· 27

一、美国 ···································· 27

二、英国 ···································· 28

三、日本 ···································· 29

第二节　国外典型国家电信业网络接入规制的经验借鉴 ········· 30

一、电信法是网络接入规制的法律基础 ··············· 30

二、接入资费主要以成本为基础 ··················· 30

三、规制机构具有较强的独立性和权威性 ·············· 31

第四章　全业务运营环境下中国电信业的单向接入规制 ·········· 33

第一节　单向接入的瓶颈设施及接入规制目标 ·············· 33

一、单向接入的瓶颈设施 ······················ 33

二、单向接入规制政策目标 ····················· 34

第二节　单向接入的纵向市场结构 ···················· 34

一、纵向一体化的垄断结构 ····················· 35

二、纵向分离结构 ·························· 35

三、纵向一体化的自由化结构 ···················· 36

第三节　基于价格策略性行为的单向接入规制 ·············· 37

一、纵向市场圈定 ·························· 37

二、博弈模型 ···························· 38

三、单向接入规制政策 ······················· 42

第四节　基于非价格策略性行为的单向接入规制 ············· 44

一、非价格策略性行为 ······················· 44

二、博弈模型 ···························· 45

三、单向接入规制政策 ······················· 48

第五章　全业务运营环境下中国电信业的双向接入规制

　　　　——基于静态视角 ······················· 51

第一节　双向接入规制理论 ························ 51

一、双向接入定价规制 ······················· 52

二、LRT 模型 ···························· 53

第二节　对等网络竞争下的双向接入规制 ················ 55

一、模型假定 ···························· 56

二、价格竞争 ···························· 59

三、双向接入规制 ·························· 62

第三节　非对等网络竞争下的双向接入规制 ················· 63

一、模型假定 ································· 65

二、网络竞争的博弈分析 ························· 66

三、双向接入规制 ····························· 72

第六章　全业务运营环境下中国电信业的双向接入定价规制

——基于动态视角 ························· 75

第一节　n 期网络竞争下的双向接入定价规制 ············· 76

一、模型假定 ································· 76

二、网络竞争的博弈分析 ························· 77

三、双向接入定价规制 ·························· 81

第二节　促进网络投资的双向接入定价规制 ··············· 83

一、模型假定 ································· 85

二、网络竞争的博弈分析 ························· 87

三、双向接入定价规制 ·························· 89

第七章　全业务运营环境下中国电信业网络接入规制变革的发展方向及政策

建议 ····································· 91

第一节　网络接入规制变革的动因及面临的挑战 ············· 91

一、网络接入规制变革的动因 ····················· 91

二、网络接入规制面临的挑战 ····················· 93

第二节　网络接入规制变革的发展方向及目标 ·············· 94

一、网络接入规制变革的发展方向 ··················· 94

二、网络接入规制变革目标 ······················ 95

第三节　网络接入变革的政策建议 ···················· 95

一、逐步建立基于成本的接入定价体系 ················· 96

二、完善网络接入规制制度 ······················ 98

三、建立"政监分离"的监管模式 ··················· 99

四、加强电信监管体系建设 ······················ 100

五、尽快出台单独的电信法 ······················ 101

六、建立网络接入规制政策评价机制 ················· 102

参考文献 ·· 104

附录 ··· 108

第一章 导 论

第一节 相关概念界定

一、全业务运营

陈斌和厉春雷(2012)认为"全业务运营是指电信运营商利用其固网、移动网、宽带网等各类资源，构建出以固定业务或移动业务为核心的话音业务、增值业务、宽带接入等多种产品组合或业务形态组合"。由于网络的日益融合，以及各种信息技术的应用，电信服务的内容日益增多，因此，可从狭义和广义两个角度来理解全业务运营的内涵。狭义的全业务运营是指电信运营商同时经营固定业务、移动业务和数据网络，全方位开展通信、增值业务和接入服务的经营。而广义的全业务运营是指电信运营商同时经营电信、互联网、广播电视等多种业务的运营模式。随着信息技术的迅速发展，全业务运营的内涵必将不断扩大。本书所指的全业务运营主要是指狭义的全业务运营范畴。中国电信业在 2008 年重组前的业务结构是：固网运营商(如中国电信、中国网通)只能经营固定业务，移动运营商(如中国移动)只能经营移动业务。重组之后的中国电信业实行了全业务运营，即"新的"中国移动、中国联通和中国电信可同时经营固定业务、移动业务、互联网业务和其他增值业务。

二、瓶颈设施

要理解瓶颈设施的概念首先要明确瓶颈的含义。"瓶颈"(bottleneck)一词从字义上讲，就是瓶子的颈部，只需一个简单的瓶塞，就能控制液体的流入和流出。Economides(1996)对"瓶颈"的定义：网络的一部分，在市场上不存在它的替代品。拉丰和泰勒尔(2011)在《电信竞争》中认为"瓶颈"是指不能廉价重复建立的，对生产过程而言唯一的输入设备。他们认为在某些产业中的一些环节需要竞争，而另一些环节出于网络的外部性、规模经济等方面的考虑需要实行垄断。这种实行垄断的环节都称作瓶颈，如电信业的本地环路、电力行业的传输网络、邮政行业的邮件投递渠道、天然气行业的运输管道及铁路运输行业的铁轨和车站(李美娟，2012a)，如表 1.1 所示。

表 1.1　网络型产业的瓶颈环节①

网络型产业	瓶颈	潜在的竞争环节
电信业	本地环路	长途业务
电力行业	传输网络	发电
邮政行业	邮件投递渠道	辅助环节(汇总、预分拣处)
天然气行业	运输管道	抽取
铁路运输行业	铁轨、车站	客运和货运

　　目前对瓶颈设施内涵争论的焦点在于瓶颈设施除了包括有形的物质设施外，一些无形产品是否包括在内。Abbott、Lipsky 和 Sidak(1999)认为无形产品，如知识产权，一旦披露就很容易被滥用，其价值也容易遭到破坏。知识产权很难采用自我实施的方法来加以保护，一个越具有唯一性、难以复制的知识产权越符合瓶颈设施的定义，因此，他们认为瓶颈设施不包含无形的知识产权，应只包含有形的物质设施。但是，欧盟委员会认为，在特殊情况下知识产权可认定为瓶颈设施。

　　本书所指的瓶颈设施(bottleneck facility)只限定在有形的物质设施，不包括无形设施，是指为提供服务或开展业务所需要的设施或设备。一种设施是否为瓶颈设施，取决于其是否因为物理、法律、地理或者经济等方面的限制而使其不能复制或复制很困难，即不能廉价重复建立，对生产而言是必需的设备。瓶颈设施通常具有以下特征：

　　(1)瓶颈设施如果复制或重新建造，则不具有经济性。瓶颈设施一般规模较大，建设的固定成本高，具有很强的资本沉淀特征。因此，瓶颈设施在一定时间内是不可替代的。

　　(2)瓶颈设施是潜在竞争者进入特定市场参与竞争以及竞争者之间开展业务时所必需的。竞争者要与拥有瓶颈设施的垄断者进行竞争，必须使用在位垄断者的瓶颈设施。因此，瓶颈设施的拥有者或控制者可以通过对瓶颈设施的控制，阻止新的竞争者进入该行业，以维持或增强自身的垄断地位。

　　根据瓶颈设施的定义及其特征，从现阶段来看，电信产业中的瓶颈设施主要是指本地电话网(或本地环路)。

三、网络接入

　　电信业的网络接入分为单向接入(One-way access)和双向接入(Two-way access)。目前对单向接入与双向接入没有统一的定义。Armstrong(1998a)认为

---

　　① 资料来源：[法] 拉丰，泰勒尔. 2001. 电信竞争 [M]. 北京：人民邮电出版社.

单向接入是指垄断运营商对其他运营商提供最终产品或服务所必需的要素投入品进行垄断，然而垄断运营商在生产过程中不需要竞争对手提供这些要素投入品；双向接入是指各运营商在提供最终产品或服务时需相互之间购买其所必需的要素投入品。Vogelsang(2003)认为，单向接入是指一个电信网络需要使用其他网络进行始发和终接电话，而其他网络不需要该网络进行此服务；而双向接入是指各网络之间相互进行电话始发、传输和终接。

本书所认为的单向接入是指在位运营商是唯一拥有瓶颈设施的运营商，新进入运营商为了向消费者提供最终产品或服务，就必须接入在位运营商的瓶颈设施，而在位运营商却不需要对方提供相应的服务，即接入服务的需求是单向的（图1.1）。例如，长途电话业务的新运营商必需接入在位运营商的本地电话网才能提供长途电话。

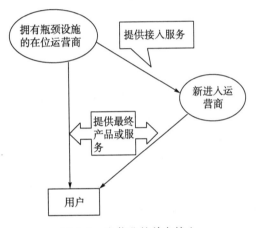

图 1.1　电信业的单向接入

双向接入（又称网间互联）是指两个或多个电信运营商分别拥有自己的瓶颈设施，当提供最终产品或服务时必须互相接入对方的瓶颈设施。例如，假定电信市场有两个运营商，即运营商 1 和运营商 2，当运营商 1 向用户提供最终产品时，需要运营商 2 为其提供接入服务，而运营商 2 向用户提供最终产品时，也需要运营商 1 为其提供接入服务，即接入服务的需求是双向的（图1.2）。例如，运营商 1

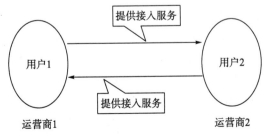

图 1.2　电信业的双向接入

和运营商 2 都提供本地电话服务，当运营商 1 的用户拨打运营商 2 的用户时，需要运营商 2 提供本地网的接入服务，反之亦然。

第二节　研究背景及意义

一、研究背景

由于电信业存在大量的固定成本，因此，在 20 世纪 70 年代之前，世界上很多国家的电信业一般由国家垄断经营或者在规制机构的监管下由私人垄断经营。由国家经营与监管的电信业虽然减少了重复建设，但是增加了由垄断经营导致的效率损失成本和政府规制成本，因此在重复建设成本与由垄断经营导致的效率损失成本和政府规制成本之间存在替代关系。同时，20 世纪 90 年代以来，由于电信业这一传统的自然垄断产业的特征发生了巨大的变化，放松规制、引入市场竞争已成为电信业改革的主要趋势。

电信业引入市场竞争以后，必然伴随着网络接入问题的产生。网络接入是电信业有效竞争的基础和前提，网络接入是否畅通，直接关系到广大用户的切身利益，也对电信运营商的经济效益有较大影响。对于政府来说，在电信网络接入问题上，既要实现网络资源的优化配置，避免不必要的重复建设，又要增加各电信运营商的经济利益。

中国电信市场引入竞争之后，网络接入矛盾一直都存在。例如，1994 年，中国联通进入电信市场后，与原中国电信的移动业务、193 长途、短消息等方面长期存在互联互通障碍。2008 年，中国电信业经过新一轮重组之后，三大运营商（中国移动、中国电信和中国联通）进入全业务竞争状态，为了使业务快速发展，各运营商非法占用和擅自破坏电信设施，人为设置技术障碍等。例如，2009 年 12 月，在上海嘉定区明日新苑小区内和浦东区四季雅苑小区至仁恒河滨小区，上海移动通信光缆和宽带上网线缆被人为剪断并抽走[①]。2011 年 9 月前后，伴随着高校新生的到来，为了争夺高校新生消费群体，武汉 5 所高校通信光缆同日被剪断。

从以上内容可看出，中国电信业在全业务运营环境下仍然有网络接入矛盾。随着电信市场竞争越来越激烈，网络接入问题也变得越来越尖锐和复杂。设置网络接入障碍的方法和手段也不断变化，从最初的割断通信光缆和网线，进而到改变交换机上的技术数据，人为降低竞争对手的业务接通率，甚至通过各种手段使得竞争对手的业务不能开通。这不得不让我们思考一个问题：电信业在全业务运营环境下，应如何进行网络接入规制才能达到电信改革的目的。

---

① 资料来源：2009 年的《每日经济新闻》。

　　网络接入问题是影响电信业形成有效竞争的关键，因为电信业的特点决定了电信竞争的必要条件是平等接入，实现互联(李美娟，2012b)。新进入运营商通过与在位运营商进行网络接入可以迅速提高其网络规模，然而，新进入运营商会抢占在位运营商的部分市场份额。腾颖(2006)认为"在一网统天下的局面被打破以后，由网络接入产生的瓶颈设施的利用和控制便成为电信竞争的严重障碍"。2008年，重组后的中国电信、中国移动和中国联通三家全业务运营商之间竞争比以前更加激烈，不同运营商之间的网络接入问题也更加重要。

　　网络接入会改变电信运营商之间的经济利益，这种利益相关使得网络接入问题变得异常棘手。同时，网络接入具有一定的成本，必须通过调节接入价格对有关方面因接入而发生的成本进行补偿。因此，电信运营商关于网络接入问题争论的焦点和矛盾主要是接入费或接入定价制度的确定。但中国电信业接入价格过低，扭曲了接入双方的利益关系，促使价格战频繁发生，削弱了主导运营商提供网络接入的积极性。因此，出台基于成本的接入定价体系已刻不容缓。

二、研究意义

　　中国电信业作为垄断行业，自1994年引入竞争以来，不断深化改革。2008年5月，中国电信业重组，形成三家运营商全业务运营的竞争格局，此时，市场规制的变革对规范市场竞争格局具有重要的作用。在全业务运营环境下，中国电信业网络接入矛盾更加突出，阻碍网间互联的行为更加隐蔽。如何对网络接入规制作出相应变革，从而优化电信网络的互联互通，促进电信市场的有效竞争，是政府在全业务运营环境下必须重视的问题。

　　对于电信业网络接入规制问题的研究，国内学者主要定性分析政策制定方面的问题，而从理论上定量深入分析中国电信网络接入规制这方面的研究还处在起步阶段，没有得到应有的重视。本书将定量深入分析全业务运营环境下中国电信业网络接入规制变革问题，望能对改善我国该方面理论研究落后于实践的现状作有益的探索。另外，电信业作为网络型产业中的一种，对其网络接入规制问题进行探讨，对于丰富网络经济理论、协调网络产业中的各方利益，以及促进网络经济快速发展，具有重大参考价值。

第三节　国内外研究现状

　　早期的文献主要研究单向接入规制和对等网络竞争下的双向接入规制问题。随着电信规制的不断深入，国内外学者对非对等网络竞争下的双向接入规制问题日益关注。因此，电信业网络接入规制问题的研究可分为两个方面：一是单向接入规制问题，二是双向接入规制问题。

一、单向接入规制

　　Armstrong、Laffont、Tirole 等人对单向接入规制进行了开拓性研究，建立了单向接入规制理论的基本分析框架。随后，Baumol、Hausman、Spulber、Sidak、Vogelsang 和 Wright 等人又进一步发展了单向接入规制理论。

(一)单向接入定价规制方法

　　现有研究文献中，关于单向接入定价的规制方法主要有以下三种。

1. Ramsey 接入定价法

　　Ramsey 接入定价法是指厂商在利润大于等于零的约束下实现社会福利最大化的一种接入定价方法。该接入定价法既考虑了厂商提供产品或服务的激励机制，又考虑了社会福利问题，受到规制机构的推崇。Laffont 和 Tirole(1994)假设规制者对所有相关成本和需求都拥有完全信息，还假定进入者没有市场势力，在保证在位者收支平衡的约束条件下，规制者通过最大化社会福利同时确定接入价格和零售价格，从而得到 Ramsey 接入定价公式。Valletti (1998)认为 Ramsey 接入定价能促进社会福利水平的提高。Domon 和 Ota(2001)分别研究了纵向分离和纵向一体化市场结构下的 Ramsey 接入价格，研究结果显示：纵向分离结构下的 Ramsey 价格使提供单向接入服务的双方不存在利益冲突。

2. 有效成分接入定价法

　　有效成分接入定价法(efficient component pricing rule，ECPR)最早由 Willig (1979)提出的，后来由 Baumol 不断完善，因此，也被称为 Baumol-Willig 规则。ECPR 是指单向接入时在位运营商收取的接入费不能超过它在竞争领域的机会成本。Armstrong、Doyle 和 Vickers(1996)的研究显示：在纵向一体化市场结构下，当零售价格受到规制时，ECPR 是最优的接入定价方法。Joo、Ku 和 Kim (2001)的研究表明，当最终产品价格偏离成本时，ECPR 是社会最优的接入定价法。Yannelis(2002)考虑了网络外部性条件下 ECPR 的特点，得出：当不存在网络外部性时，ECPR 是最优的接入定价法；当存在网络外部性时，ECPR 的优点被减弱。

3. 基于成本的接入定价法

　　基于成本的接入定价法主要有两种：完全成本分摊法(full distributable cost，FDC)和长期增量成本法(long run incremental cost，LRIC)。FDC 的主要思路是提供接入服务的在垄断位厂商可以在其成本基础之上进行接入加成。但这种接入定价法存在如下三个方面的缺点：①由于 FDC 以历史成本为基础，在位垄断厂商没有动力降低成本，Fuss 和 Waverman（2002）对 FDC 的有效性提出了质疑；②制定价格的过程十分繁杂，有可能导致价格规制政策延误出台；③有可能导致无效率的市场准入情况的发生。

目前，LRIC 是世界各国电信业最常用的接入定价规制方法。（Laffont et al，2000）认为，LRIC 接入定价法由于考虑了提供接入服务最先进、最经济的技术条件，因而能够提供刺激厂商降低接入成本。但 LRIC 也有一定的缺陷：一是 LRIC 计算过程比较复杂；二是 LRIC 具有较强的任意性，会增加规制机构的自由裁量权。所以，采用此接入定价法进行接入规制时，还需更多更严格的规制手段和规制资源加以辅助。

（二）纵向排斥与单向接入规制

Perry（1989）的研究表明纵向一体化的垄断厂商对其下游附属部门收取的接入价格低于向下游竞争对手收取的接入价格，即通过对下游竞争对手实施价格挤压行为，迫使竞争对手退出市场。Rey 和 Tirole（1996）认为纵向一体化垄断厂商拒绝向新进入厂商提供接入服务，以便将上游市场的垄断势力扩展到下游市场。因此，排斥下游市场竞争、获取垄断利润是在位垄断厂商从事策略性行为的经济动机。Salop 和 Scheffman（1983）分析了当下游新进入厂商接入上游垄断厂商的瓶颈设施时，上游垄断厂商会采取非价格策略性行为提高新进入厂商的成本来限制下游市场竞争。Mandy（2000）提出当接入价格比较高时，在位垄断厂商有可能为下游新进入厂商提供接入服务。拉丰和泰勒尔（2001）认为如果接入价格过低，不能补偿固定和联合成本时，在位垄断厂商就有激励采用降低接入服务质量等非价格手段来排斥下游市场的竞争。姜春海（2006b）通过研究发现，当纵向一体化厂商下游附属部门比新进入厂商生产效率高时，一体化厂商就具有采取策略性行为排斥下游市场竞争的激励，并且效率差距越大，这种排斥的激励程度越大，但一体化厂商并不会完全将新进入厂商驱逐出下游市场。胡凯（2009）认为策略性行为会导致自然垄断产业下游竞争性市场关闭和市场化改革倒退，建议采用政府直接规制和反垄断间接规制对网络接入进行规制。

二、双向接入规制

双向接入规制需要考虑以下两个方面的问题：一是电信运营商是否利用双向接入阻止其他运营商的进入，二是双向接入的电信运营商之间是否有激励利用接入价格进行合谋。此项研究的目的是分析电信业双向接入时，是否需要规制机构对双向接入进行规制；如果需要规制，应如何制定有效的双向接入规制制度，以保证电信竞争的效率。

(一)国外研究现状

1. 对等网络竞争下的双向接入规制

Laffont、Rey 和 Tirole(1998a)研究表明非合作确定的接入价格将导致双重加价问题的出现,因此,非合作接入定价无效。Laffont、Rey 和 Tirole(1998a,1998b)构建了一个双向接入定价与网络竞争模型(简称 LRT 模型),集中地考察了接入定价在网络竞争中的作用。当终端价格为线性定价时,电信运营商通过接入价格进行合谋;当终端价格为非线性定价时,则可消除接入价格成为合谋工具的可能性。Armstrong(1998a,2002)通过模型研究得出的结论与通过 LRT 模型得出的结论相同,因此,这两个模型被称为 A-LRT 模型。A-LRT 模型的结论为电信规制机构对网络接入定价的规制提供了很好的理论支撑。

LRT 模型为放松规制条件下的网络间接入定价问题提供了分析基础,然而以 LRT 为代表的接入定价模型只考虑两个或更多拥有瓶颈网络的经营者之间同一层级水平的竞争,而完全忽略了那些在下游市场上或者潜在竞争市场上没有瓶颈网络的经营者为了提供竞争性服务而接入瓶颈网络的情形。Cambini(2001)研究了纵向市场结构下的接入定价与网络竞争问题。Cambini 沿用了 LRT 模型关于两个本地电信运营商竞争的假设,并增加了由 n 个下游运营商参与竞争的假设。研究表明:在纵向市场结构下,纵向一体化的电信运营商会利用接入价格来获取更多的竞争优势。即使两个本地电信运营商效率相同,但由于市场份额和业务结构不同,其最优决策也会出现很大差异。对于规制机构而言,一方面要保证接入价格的合理性,另一方面要保证纵向分离的运营商能积极地提供接入服务。

2. 非对等网络竞争下的双向接入规制

上述的文献研究都假定了消费者是无差异的,而现实生活中,消费者的需求存在一定的差异性。Desesin(2003)考虑了当消费者的需求存在差异时,若消费者网络注册需求无弹性,接入价格将不能成为电信运营商进行合谋的工具,因为互惠接入价格不影响其对称均衡利润。Poletti 和 Wright (2004)研究了激励相容约束和参与约束下的网络竞争均衡。分析结果表明,当参与约束趋紧时,即使激励相容约束得不到满足,接入双方也将利用接入价格进行合谋。Hahn(2004)研究得出,当存在消费者异质时,接入价格不再成为电信运营商进行合谋的工具,此时的接入价格通常等于接入成本。

Carter 和 Wright(2003)认为,电信运营商不能通过谈判商议接入价格时,规制机构可以赋予接入双方中规模较大的电信运营商制定接入价格的权利,因为规模较大的电信运营商将会选择接入价格等于接入成本的互惠接入定价方法。

Hansen(2005)引入异质成本的假设后，在基于成本的接入定价下，最有效率的电信运营商的市场份额小于福利最大化下的市场份额，也就是说均衡中最有效率的电信运营商的市场份额变得特别小。Armstrong 和 Wright(2009)考察了移动网的双向接入定价，当接入定价不受规制时，FTM(fixed-to-mobile，固定电话终接于移动网)的接入价格高于垄断情况下的接入价格，而为了减少移动网的竞争程度，MTM(mobile-to-mobile，移动电话终接于移动网)的接入价格通常被设置得很低。Genakos 和 Valletti(2011)通过实证研究发现，如果降低固定电话终接于移动网的接入价格，可使得固定电话呼叫移动电话的价格下降，但移动用户所支付的价格会上升。Hurkens 和 Lopez(2010)以西班牙为例，分析了非对等网络竞争时双向接入定价的福利效应，结果显示，降低移动电话终接费可减少移动网络运营商的利润，但可以提高消费者剩余和整个社会福利。

3. 动态双向接入定价规制

现有文献较少讨论电信业的动态双向接入定价规制问题，Guthrie(2006)认为其主要原因有：①双向接入定价规制对电信网络投资的影响比较复杂；②动态双向接入定价规制的社会总福利水平难以考察；③动态双向接入定价规制的可靠性也值得怀疑。当然也有少数学者对动态双向接入定价进行了探讨。Gans(2001)分析了动态双向接入定价如何激励主导电信运营商有效提供电信业基础设施的投资问题。Avenali 等(2010)通过建立一个动态接入定价模型，分析了双向接入定价对弱势运营商网络投资的影响效应。

(二)国内研究现状

国内对双向接入规制问题的研究还处于起步阶段。陈代云(2003)讨论了电信产业单双向网络接入的有关理论模型和接入规制实践问题。吕志勇和陈宏民(2003)认为当社会福利最优的边际成本接入定价不具备可行性时，可采用次优的挂账交易进行接入定价规制。钟俊英(2005)基于 Ramsey-Boiteux 接入定价模型建立了一个中国电信业网间的接入价格模型，通过该模型研究表明，中国电信业应尽快改变现行的基于资费的网间结算体系，实现以成本为基础的网间结算体系。欧阳恩山、闫波、邹删刚(2005)以电信网为例，通过建立数学模型分析双向接入定价问题，分析结果表明：当主导电信运营商的零售价格使其亏损或经济利润为零时，新电信运营商的社会福利最大化接入费应该低于主导电信运营商的接入费；当主导电信运营商的零售价格使其赢利时，新电信运营商的社会福利最大化接入费与主导电信运营商的接入费的关系取决于主导电信运营商本地呼叫平均到每个用户的利润和其用户份额的关系。骆品亮和林丽闽(2002)的研究表明：在网络规模非对等的情况下，引入电信竞争通常是社会低效率的；在位运营商提供瓶颈资源的接入定价是社会低效率的，可以采用基于机会成本的有效成分定价对接入服务予以规制。

李楠(2009)提出了基于单位增量成本和单位增量收益的双向接入定价区间。房林(2010)通过建立区域性双寡头垄断模型和双寡头价格博弈模型分析了接入定价的确定对运营商的利润及社会福利水平的影响。李楠和伍世安(2013)利用演化博弈模型分析了电信运营商之间的网络接入问题，研究表明：网络接入能否顺利实现主要取决于接入价格、政府对拒绝网络接入的惩罚和由拒绝网络接入引起的利益变化。白让让(2014)以制度需求和均衡为视角，对中国电信业独立规制实践的变革进行了探讨，研究表明：独立规制模式需要与上层的基本制度和下层的市场组织体系相匹配才能发挥作用，如果在这些制度条件并不完全具备的情况下，强行在电信业实行独立规制模式，一定会面临一定的风险和不确定性。唐睿(2013)分析了互联互通规制下的双向接入问题，总结了美国、德国等一些发达国家在电信接入规制中的改革，结合我国实际情况提出了要加快我国电信立法、给予规制机构独立性的建议。

部分学者对全业务运营环境下中国电信业网络接入规制问题进行了研究。石军(2008)认为全业务运营加剧了电信市场竞争，网络接入难度加大，现有的网间结算体系急需进行调整。陈金桥[①]认为全业务经营下，中国电信业新技术新业务不断涌现，对网络接入规制效率提出了更高的要求。曾剑秋[①]提出，中国电信业进入全业务运营时代，网络接入监管体系既要赋予地方电信监管机构必需的权益和充分的独立性，又要保持中央一级电信监管机构的权威性。应以建立独立的电信监管体系为目标，发挥地方独立监管的能力。马龙(2014)结合中国电信业全业务竞争的新形势，从监管机构、法律体系及行业自律三个方面提出中国电信业在全业务运营环境下的反垄断建议。牟清(2011)认为全业务运营时代，中国电信业接入定价承担了过多的政策目标，不仅要促进互联互通，还要考虑普遍服务、公平竞争甚至收入分配问题，而不同目标之间的冲突却使得规制机构很难设计一个合理的接入价格。

三、已有研究的不足

总的来看，国内外学者对电信业网络接入规制问题的研究方兴未艾，国内学者对此问题的研究基本上还处于引进和学习国外研究成果的阶段，这导致中国电信业网络接入规制政策缺乏严格的理论支撑。目前，国内外对网络接入规制问题的研究主要存在以下 5 个方面的不足：

(1)对电信业的在位运营商运用策略性行为进行纵向市场圈定问题尚缺乏系

---

① 参见江苏电信编辑部. 2009. 共话全业务运营模式下的电信管制 [J]. 江苏电信，(2)：15-18.

统研究。大多数文献的研究是在假定在位运营商和新进入电信运营商的生产效率相同的情形下进行的，但这与现实不符合。为防止在位运营商实施纵向市场圈定行为，应明确规制机构如何根据电信运营商生产效率的差异选择合理的接入规制方法，对形成电信业的有效竞争具有重要意义。

(2)缺乏对接入定价对电信业市场结构的影响的系统研究。现有文献对接入定价的研究，主要考虑单期情况下的接入定价问题，但在实践中，电信运营商通常会进行多期网络竞争。故而还应研究存在 n 期网络竞争时，如果接入价格设定不恰当，是否会造成网络垄断化趋势等。

(3)在双向接入问题的研究中，现有文献对接入价格与网络投资关系的研究都是基于发达国家接入定价制度进行的，而结合中国电信业接入资费特征来研究接入定价对在位运营商对网络进行再投资和技术更新的激励问题的文献十分缺乏。

(4)缺乏定量深入分析中国电信改革中的网络接入规制问题的相关研究。网络接入规制问题的研究与各国电信规制体制、电信开放政策和开放路径存在着密切的互动关系，因此对该问题的研究不能脱离其政策背景。现有的研究中，结合西方各电信改革较早国家的电信接入规则分析接入定价的相关问题已经得到了广泛关注。中国电信市场开放的路径和特点与其他国家相比有其特殊性，而关于中国电信改革的核心问题——网络接入问题的研究却远落后于中国电信改革的实践。

(5)中国电信业自 2008 年重组以后实行全业务运营，虽然有部分学者对全业务运营环境下中国电信业网络接入规制问题进行了一些研究，但在理论上仍然缺乏对网络接入规制在全业务运营环境下应如何作出相应变革的研究。

第四节　研究内容

本书基于电信业引入市场竞争、放松规制的背景，以电信网络接入为切入点，对全业务运营环境下中国电信业网络接入规制变革问题进行了系统和深入的研究。首先分析了中国电信业单、双向接入规制的现状，找出了接入规制存在的主要问题；然后，通过总结国外典型国家电信业网络接入规制的经验，分析了这些经验对中国的适用性与借鉴意义，并提出了全业务运营环境下中国电信业网络接入规制变革的发展方向。接着，分别从单向接入和双向接入两个方面研究全业务运营环境下网络接入规制与电信竞争问题。单向接入时，由于在位垄断运营商对新进入运营商具有实施价格和非价格策略性行为阻碍市场竞争的激励，规制机构应根据具体情况选择合理的接入规制方法对单向接入进行规制；双向接入时，由于接入双方的收益分配不平衡，以及接入双方有可能利用接入价格进行合谋，因此规制机构需要对双向接入给予规制。最后，根据前面各部分分析的结论，提出在全业务运营环境下中国电信业网络接入规制变革的政策建议。

第二章　全业务运营环境下中国电信业网络接入规制现状及存在的主要问题

第一节　中国电信业全业务运营竞争格局的形成

近年来，中国电信业的移动业务得到了迅速发展，电信竞争日益激烈。在 2008 年之前，中国电信业是非全业务竞争格局，电信业市场结构出现严重失衡现象。中国电信业已经从固话、移动电话同时增长的时代，向移动电话替代固话的时代转变。2004 年，中国移动获得增量市场的 45.9%，而到 2008 年上半年，中国移动净利润为 548 亿元，是中国电信、中国网通和中国联通三家利润总和的两倍多。2008 年，为使电信业形成均衡的市场结构，提升电信运营商的竞争能力，中国电信业进行重组，重组后的中国电信、中国联通、中国移动这三家运营商实行全业务运营，各运营商经营的业务范围及品牌如表 2.1 所示（牟清，2011）。2009 年，国内 3G 牌照正式发放，中国移动、中国电信和中国联通分别获得 TD-SCDMA、CDMA2000 和 WCDMA 三张 3G 移动制式牌照，从而使中国电信业整体进入 3G 时代和全业务运营时代。2013 年 12 月，工信部又对三家全业务运营商发放了 4G 牌照。

表 2.1　中国三大电信运营商的业务范围、主要品牌与主要业务

项目	中国电信 （收购中国联通 CDMA 网）	中国联通 （与中国网通合并）	中国移动 （中国铁通并入）
业务范围	移动业务 CDMA（3G 将过渡到 CDMA2000）、数据业务、本地通信业务	移动业务 GSM（3G 为 WC-DMA）、数据业务、本地通信业务	移动业务 GSM（3G 为 TD-SCDMA）、数据业务、本地通信业务
主要品牌与主要业务	主要品牌：商务领航、我的 e 家 主要业务：移动业务 CDMA、号码百事通、企业信息化应用、IT 服务及应用、固定电话、互联网、视讯以及资源出租	主要品牌：世界风、新势力、如意通、新时空、联通商务、宽带商务、宽带我世界 主要业务：GSM 移动业务、商务客户解决方案、固定电话、互联网、视讯以及资源出租	主要品牌：全球通、动感地带、神州行 主要业务：GSM 移动通信业务、固定电话、互联网、视讯以及资源出租

在全业务运营环境下，中国电信业的发展速度不断加快，电信业已逐渐成为支撑中国经济快速增长的基础产业之一，对于国民经济的发展起着重要的作用。根据工信部的统计数据，2015年，全国拥有电话的用户为15.37亿户，其中拥有移动电话的用户为13.06亿户，普及率约为每百人95.5部；拥有固定电话的用户数量则呈现明显的下降趋势，2015年固定电话用户的总数为2.31亿户，普及率下降至每百人16.9部，如图2.1所示。

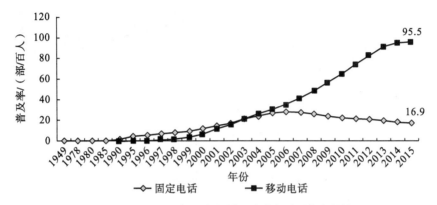

图 2.1　1949~2015 年固定电话、移动电话用户发展情况

数据来源：《2015 年通信运营业统计公报》

2015年，全国电信业务总收入为1.13万亿元，同比增长0.8%；电信业务总量为2.31万亿元，同比增长27.5%。自2008年电信业重组以来，电信业务总量总体呈波动上升趋势，但电信业务收入增速有所放缓，如图2.2所示。

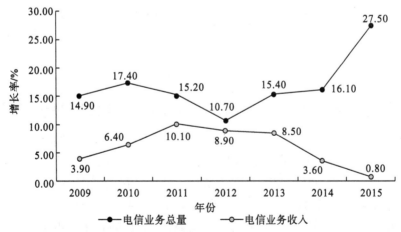

图 2.2　2009~2015 年电信业务总量与业务收入增长情况

数据来源：《2014-2015 年通信运营业统计公报》

自中国电信业全业务运营以来，移动用户结构不断优化，4G 移动电话用户发展迅速。2009～2015 年，2G 移动电话用户不断减少，占移动电话用户的比重由 2009 年的 98.4% 下降至 2015 年 39.9%。2015 年，4G 用户发展速度超过 3G 用户，4G 用户总数为 3.86 亿户，新增 2.89 亿户，在移动用户中的渗透率达到 29.6%，如图 2.3 所示。

图 2.3　2009～2015 年各制式移动电话用户发展情况

数据来源：《2015 年通信运营业统计公报》

第二节　中国电信业网络接入的发展历程

一、基本电信业务市场开放以前（1949～1994 年）

在中国基本电信业务市场还没有开放之前，公用电信网与专用电信网的网络接入问题一直难以处理。多年来，部分基层电信运营商在公用电信网与专用电信网的网络接入问题上持不配合的态度，使得公用电信网和专用电信网之间的关系紧张，也使得两者的通信能力没有得到应有的发挥。然而，在这期间政府并没有出台过法律法规对公用电信网和专用电信网的网络接入问题给予规制。

二、引入竞争机制，网络接入问题初步出现（1994～1998 年）

1994 年，中国联通公司成立，电信运营商之间的网络接入问题开始出现。首先是中国电信与中国联通之间 GSM 网的互联。双方在邮电部电政司、财务司及国家计划发展委员会价格司的组织协调下，反复讨论了网络接入的原则、方式、技术要求和结算办法，1995 年邮电部发布《联通 GSM 网与公用通信主网网间互通中继方式和接口局（GW）交换设备技术规范书》，中国电信与中国联通 GSM 网开始互联互通。但随后的实施过程表明该规范书存在许多欠缺的方面，需要完善。因此，1996 年邮电部发布了《专用网与公用网联网的暂行规定》，第一次对专用网接入原则、接入审批程序、网络接入后的管理等问题做了详细的规定。1996 年上半年，中国联通 GSM 网与中国电信实现了京、津、沪、穗①四地网络间的互联互通。

三、网络接入逐步规范化（1998～2008 年）

虽然中国联通得已进入电信市场，但是分割前的中国电信一家独大，有能力采取策略性行为以排斥中国联通。事实上，中国联通进入电信市场后，中国电信对其采取了一系列策略性行为，如对中国联通的市场进入实行限制、在网络接入上对中国联通接入市话网进行限制、在市话业务与移动业务间采取交叉补贴行为等。由此可知，中国联通的进入并没能完全打破中国电信业的垄断格局。

1998 年之后，信息产业部（2008 年 3 月调整为工信部）对网络接入问题做了相应的规范，使其朝着有利于电信网络平等接入的方向前进了一步。1999 年，国务院对中国电信实施按业务纵向分割，即将中国电信一分为四，即中国电信公司、中国移动公司、中国卫星公司、中国寻呼公司。同年，成立中国网络通信公司，主要经营 IP 电话、增值和数据业务等。此时，中国电信业的单、双向接入问题十分突出。

为此，国家采取了一系列规制措施（戴晓艳，2009）。1999 年 7 月，信息产业部发布《新建国内长途电话网与其他电话网网间互联技术规范》。1999 年 9 月，信息产业部发布《电信网间互联管理暂行规定》，这是中国较为全面的网络接入规制的行业法规。1999 年 10 月，信息产业部发布了《电信网间通话费结算办法》，详细的规定了电信运营商不同电话网之间的网间结算问题。2000 年 9 月国务院发布《中华人民共和国电信条例》。这些法规的出台，使中国电信业基本建立起了网络接入的规制框架，为电信网络的单、双向接入提供了最基本的政策和技术依据。

在这些政策法规指导下，中国电信与中国移动之间在网络接入协议的基础上，实现了从电信运营商内部不同网络间的相互配合到不同电信运营商间网络的互联互通的转变。2000 年又完成了中国联通公司国际网、国内长途网与中国电信本地电话网之间的接入。除相关网络的接入外，在业务上，2000 年实现了中国电信固定网和中国联通智能业务、IP 电话业务的接入。此外，还完成了中国电信固定网用户接入联通公司 165 计算机互联网的工作。

1999 年，中国电信业的纵向分割使移动通信业务领域形成了中国移动与中国联通两家竞争的格局，但在有线通信业务领域，特别是市话业务领域，除了中国联通、中国铁通经营少量业务外，其余都由中国电信垄断经营，中国电信仍处于垄断地位。为了打破本地电话市场的垄断，争取在中国电信业各业务领域实现

---

① 穗：广州市的简称。

有效竞争，信息产业部于 2001 年底对中国电信再次调整，施行按地域横向分割，成立了新中国电信集团、中国网通集团。此时，中国电信业开始了从业务竞争向网络竞争的转变，双向接入成为新的焦点。

随着电信运营商在不同业务领域展开竞争，网络接入障碍从 2001 年开始变得越来越突出。为此，信息产业部采取了很多规制措施：2001 年 3 月出台了《电话网间通话费结算办法》，5 月实施《公用电信网间互联管理规定》，12 月颁布了《电信网间互联争议处理办法》。

2003 年，电信网络接入规制已经滞后于市场格局的变化，主要体现在不合理的网间结算体系，新进入电信运营商大打价格战。为此，2003 年 8 月，信息产业部等部门发布了《关于进一步加强电信市场监管工作意见的通知》，2004 年，相关会议通过了《关于审理破坏公用电信设施刑事案件具体应用法律若干问题的解释》。从此以后，电信业网间通信质量得到很大提高，大面积且长时间的互联不通、通而不畅等问题得到相当程度的改善。

四、网络接入出现新局面（2008 年以后）

2008 年 5 月 24 日，工信部、国家发改委、财政部联合发布电信重组公告，鼓励中国电信收购中国联通 CDMA 网，中国联通与中国网通合并，中国卫通的基础电信产业并入中国电信，中国铁通并入中国移动，使原有的六大电信运营商整合为中国电信集团、中国联通集团、中国移动集团三家全业务经营的运营商（图 2.4）。中国电信业经过新一轮重组后，虽然产业内的三大运营商都实现了全业务经营，但它们同样面临单、双向接入问题，网络接入规制出现了新的局面。

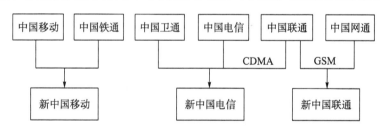

图 2.4　2008 年中国电信重组方案

2009 年 12 月，针对日益突出的网络接入监管中的问题，工信部下发了《关于进一步落实规范电信市场秩序有关文件精神的通知》，通知指出：严肃查处阻碍网络接入行为；严格执行接入定价规制政策等相关要求。2010 年 2 月，工信部下发了《关于进一步做好电信网络运行安全管理工作的通知》，再次要求不得利用技术手段破坏网络接入，不得人为破坏电信基础设施等问题。

第三节　全业务运营环境下中国电信业网络接入规制现状

下面从以有效接入为核心的网络接入规制政策和以网间结算为核心的接入定价规制两个方面对全业务运营环境下中国电信业网络接入规制现状进行分析。

一、以有效接入为核心的网络接入规制政策现状

电信业的网络接入规制政策关系到电信网络能否实现有效接入，进而影响到该产业能否实现有效竞争。中国电信业以有效接入为目标的网络接入规制政策是以《电信条例》为基础，通过一系列的行政条文、规章制度、技术规范进行补充和细化，逐步建立了中国电信业网络接入规制的政策框架。随着电信改革的深入，中国电信业的网络接入规制政策也在不断完善。

（一）对主导电信运营商的网络接入规制

主导电信运营商是电信业网络接入规制的重点对象。中国电信业对主导电信运营商的网络接入实行了比较严格的规制，如果主导电信运营商阻碍谈判进程或违反协议，将被实行严厉的惩罚。对主导电信运营商的网络接入规制主要有：①主导电信运营商必须在技术上可行、经济上合理、不影响通信网络安全的互联点上与其他电信运营商实现互联；②主导电信运营商必须制定、公布具体的网络接入实施办法；③根据其他电信运营商的网络接入要求，主导电信运营商必须及时配置、改造、扩容其网络；④主导电信运营商必须向其他电信运营商提供与接入有关的网络设备功能、机房、管道等信息；⑤主导电信运营商必须保证通信质量不低于网内同类业务的通信质量；⑥主导电信运营商在技术可行的前提下，必须应其他电信运营商的要求，无附加条件地及时向该网的用户提供各种电信业务服务[①]。后两条对新进入竞争的电信运营商也同样适用。

（二）网络接入质量规制

网络接入质量的维护主要体现在4个方面：①建立网络接入质量相互通报制度，并定期向规制机构汇报。②建立网络接入障碍处理制度。当接入一方发现网络接入障碍时，应立即通知对方，双方共同处理网络接入障碍。此外，没有经过规制机构批准，电信运营商不能私自中断网络接入。一旦出现网络接入中断，接入双方应相互配合，及时采取措施进行恢复，同时应向规制机构进行报告。③接

---

① 参见工信部发布的《公用电信网间互联管理规定(2014修正)》.

入双方要加强接入网络的运行和维护，必要时要进行网络扩容。④对网络接入质量进行监测与考核。为加强网络接入质量的监督管理，我国电信业出台了《公用电信网间通信质量技术要求》、《公用电信网间通信质量测试方法》和《公用电信网间通信质量监督管理办法》等相关文件，并于2003年建立了国家层面和省级层面网络接入检测系统，对互联互通情况和网络接入质量进行实时监测。

（三）网络接入的争议与协调

由于网络接入涉及接入双方的切身利益，在达成接入协议以及网络接入的实施过程中难免发生各种各样的争议。在网络接入过程中出现争议时，是由接入双方自行解决，还是由规制机构更多地介入，两者各有利弊（表2.2）。很多国家的做法是：如果电信运营商根据自己的谈判结果能够达成接入协议，规制机构就不需干预；如果接入双方不能达成一致，这时，为了确保电信网络互联互通能够正常实现，就需要规制机构采取一定的干预措施来促成他们之间的接入协议达成。

表2.2　电信产业网络接入争端解决方法的利弊

解决方式	利	弊
电信运营商自行协商解决	若电信运营商数目较少，且旗鼓相当，则易于协商解决；规制成本低	若电信运营商数目较多，且实力差别较大，则不易于协商解决；新电信运营商的利益不易得到保证
规制机构干预	透明度高；新电信运营商的利益更易得到保证；多数情况下易于电信运营商之间达成协议	规制成本高，可能不是最优方案
电信运营商先自行协商，必要时规制机构进行干预	倾向于市场解决方案，只有自行协商不能达成协议时，规制机构才能介入；规制成本适中	有时协商较慢；自行协商或经过规制机构协调达成的协议通常不要求向社会公开，故透明性较差

在中国电信业，当接入双方在网络接入过程中发生争议，致使网络接入不能继续进行或影响网间业务互通时，接入的任何一方都可以以书面形式向电信主管部门申请协调。争议主要包括互联点及互联点两侧的交换机设置、与接入有关的网络功能及电信设施的提供、接入时限、电信业务的提供、网间通信服务质量、接入费的结算及与网络接入有关的经济赔偿等。

电信主管部门的协调工作分三个阶段进行。

第一阶段：听取争议双方陈述，确定主要分歧，开展必要调查，提出初步协调意见。如果协调成功，由接入双方签订接入协议或者按协调要求解决网络接入问题；否则，进入第二阶段。

第二阶段：听取争议双方对协调意见的看法，明确主要分歧，开展进一步调查研究，征求有关政府部门、有关专家和争议双方相关主管部门的意见，提出最后协调意见。如果争议双方接受最后协调意见，则签订接入协议或者按协调要求解决接入争议。如果在争议一方或双方提出申请协调之日的时间内协调失败，则进入政府行政决定阶段。

第三阶段：规制机构将邀请相关方面的专家进行公开论证，通过专家论证给出网络接入争议的解决办法，并提出相应的网络接入方案，然后做出行政决定，强制接入双方在规定的期限内实现网络的互联互通。

二、以网间结算为核心的接入定价规制现状

目前，中国电信业的网间结算是以零售资费为基础进行结算的，即以对外公布的通话价格为基础进行结算。1994 年网间结算标准是以当时 0.1 元/3 分钟的市内电话资费标准为基础制定的。自 1999 年起，中国电信业先后三次制定和修改了网间结算办法，分别是 1999 年的《电信网间通话费结算办法（试行）》、2001 年的《电信网间通话费结算办法》和 2003 年的《公用电信网间互联结算及中继费用分摊办法》。

从三次网间结算政策的变化来看，首先，移动电话与固定电话结算价格发生变动，由 1999 年的 0.05 元/分钟，再到 2001 年和 2003 年的 0.06 元/分钟，结算价格呈上升趋势。其次是移动电话与移动电话的结算，由 1999 年的互免结算，到 2001 年的谈判协商解决，再到 2003 年的强制性相互结算，且结算价格为 0.06 元/分钟。再次，固定电话与固定电话的结算办法没有发生变动，即在一次通话中成本高的电信运营商能够获得更高的单次通话收入。最后，国内长途电话的结算费用基本上呈下降趋势。

自 2003 年网间结算办法出台以后，中国电信业的网间结算基本上一直在沿用此办法，具体网间结算费用参见附录"公用电信网间互联结算及中继费用分摊办法（2003 年）"。但为了配合部分电信业务资费管理方法的改革，从 2006 年先后调整了固定电话之间的结算价格。2006 年 10 月 25 日，信息产业部发布通知，在本地网范围内，固定电话之间结算价格调整为 0.15 元/分钟，此结算办法从 2007 年 1 月 1 日实行。但在 2008 年 5 月中国电信业经过又一轮重组，信息产业部发布《调整固定电话本地电话网营业区间结算标准的通知》（从 2009 年 6 月 1 日施行），电信运营商本地固话的网间结算由 0.15 元/分钟调整为 0.06 元/分钟。可以看出，固定电话之间的结算价格由 2007 年的 0.15 元/分钟下降到 2009 年的 0.06 元/分钟，新旧结算标准下降幅度达 60%。固定电话结算资费的不断下降，有利于新兴电信运营商实现跨区域、全方位运营，并为电信资费进一步下调铺平了道路。

2010 年 6 月，工信部又出台新的规定：固定电话用户在呼叫移动用户的时候，只需向移动运营企业支付为 0.001 元/分钟的费用。这种费用的主要目的不

是收费，而是象征意义，是一种改革的方向，固定用户呼叫移动用户时，实行网间结算费，从原来的单向结算转变为双向结算，不仅操作更加方便，还使电信行业的价格有了更大的调整空间。

2014 年工信部再一次结合实际进行了一次电信网网间结算资费的调整，中国电信和中国联通用户之间的费用结算有了新的规定，但是因为政策调整的滞后性，对当时已经颇有发展的 3G 和 4G 业务并没有涉及。根据新一期的调整方案，中国电信和中国联通的移动用户呼叫中国移动的移动用户，前两家运营商需要向中国移动支付的网间结算费用下降三分之一，但是不包括 TD-SCDMA 专用号段157、188 用户；反之，中国移动的移动用户呼叫中国电信和中国联通的移动用户时，费用保持不变，仍为 0.06 元/分钟。

第四节　全业务运营环境下中国电信业网间互联障碍①

一、主要电信运营商的网间互联

(一)中国电信与其他运营商之间的网间互联

1. 与中国联通

虽然信息产业部在 1999 年发布了多个关于中国电信业网络接入的文件，建立了网络接入的规制框架，但电信网络接入问题仍然存在。例如，2000 年在全国很多地区，中国联通的 17910、17911、193 业务仍没有实现与中国电信的固定本地电话网的业务互通，中国联通要求信息产业部给予协调处理。终于在 2001年 9 月，中国电信与中国联通签订了两份有关两者之间的网间互联及网间结算协议，对中国电信与中国联通的网络接入原则、互联技术要求、网间通话费结算、互联费用分摊、争议处理等事宜进行了规范。

2. 与中国移动

1999 年，中国移动从中国电信剥离以后，双方就签订了包括网间互联等问题的一系列协议。但随着双方网络接入的全面展开，与网络接入有关的政策法规以及技术规定发生了很大的调整，原有协议已很难适应新的要求。自 2001 年以来，中国电信与中国移动协调新的网络接入协议，解决了有关网络接入的一系列技术问题，使网络接入问题有了完备的制度保障。

---

① 对于单向接入障碍，在第四章里面分析价格与非价格策略性行为时都会涉及，所以本节主要分析双向接入障碍(即网间互联的障碍)。

3. 与中国网通

2002 年，中国电信与中国网通签署了《网间互联及结算协议》。此项协议对双方网间呼叫路由组织开放、网间结算等一系列业务和技术问题做了详细的规定。2006 年，中国电信与中国网通就大客户营销等方面展开合作并签订协议。2007 年，中国电信和中国网通签订了两者之间的合作协议，明确规定双方对各自的业务领域不进行干预，并且提出了相关措施以保证网络之间的互联互通等问题。

(二)中国移动与中国联通的网络接入

2001 年，中国移动与中国联通签订了两者之间网间互联及结算协议，双方就中国联通的 CDMA、GSM 网络与中国移动的 GSM 网络之间的网络接入问题达成了一致协议。并对各自的移动网络之间的互联互通、结算方式等有关事项进行了规范。2001 年中国移动已全面完成了与中国联通网络的互联工作。

二、全业务运营环境下中国电信业网间互联障碍

随着中国电信业市场化改革的逐步深入，网络接入问题也变得更加复杂化。电信运营商通过各种手段设置网络接入障碍，以便达到"拖而不联、联而不通、通而不畅、畅而不久"的目的。2008 年，重组后的中国电信、中国移动和中国联通都是全业务运营商，都拥有全国性网络，网络经营基本上不受传输问题的限制，然而竞争却更加激烈，网络接入的新问题、新情况也随之增多，尤其在 3G 移动领域表现得特别突出。三家电信运营商所获得的 3G 牌照分属于不同的技术阵营，由于制式不同，曾发生过中国电信不能与中国移动和中国联通实现视频通话等功能的互联互通的情况。

总的来看，中国电信业网间互联障碍的主要表现形式有下列五类。

(一)拖延网间互联

为了达到拖延网间互联的目的，一些电信运营商擅自启用电信码号资源或更改码号用途，拖延开放网间业务，拖延开通新业务号码，无正当理由地不开放或者未在规定时限内开放其他运营商在其网内的合法业务。另外，不按规定开通规制机构批准的其他电信运营商的网络码号。

(二)限制网间互联

某些电信运营商虽然迫于规制机构的政策压力实现了网间互联，但却采取擅自中断或限制网间互联等方式，限制竞争对手。主要采用的手段有：①利用技术

手段，对竞争对手的业务进行各种形式的限制呼叫或拦截；或在接口端局修改数据，控制竞争对手的接通率。②在竞争对手市场份额较大的地区，利用拦截业务接入码、封闭竞争对手部分用户号码的号段设置网间互联障碍，造成通而不畅，干扰用户的正常使用，造成用户频繁投诉。例如，2009 年 9 月，温州的中国移动分公司营业员故意用两百多部手机同时拨打当地的中国电信用户，其目的是干扰中国电信在高校推出的天翼手机套餐业务，导致很多学生新买的电信手机无法拨打中国移动号码。③人为中断网间互联，其中最恶劣的行为是直接砍断竞争对手的光缆。例如，2011 年，中国联通设置于武汉五所高校内的光缆，在 9 月 1 日均被人为剪断。

(三)逃避结算义务

某些电信运营商利用"先通再及其余"的网络接入政策研究网间结算体系不完善的漏洞，恶意逃避网间结算义务，进而阻碍网间互联。经常采用的手段有：擅自更改路由、交换主叫号码，人为调整网间结算数据公式，或者引发网间结算争议；拖欠或者无正当理由拒绝支付网间结算费用等。2008 年 12 月，中国网通向中国铁通索要其所欠下的网间结算费用 115 万，之后索要管道工程款 60 万，由此引发纷争，对两个网络间的互联互通产生了阻碍。

(四)恶意套取结算费用

在全业务运营环境下，有些电信运营商为了拓展自己的业务，经常在结算费用上大做文章，电信运营商自身不按规定对网间费用进行结算，通过恶意套取结算费增加业务收入，极大地影响了网间互联另一方的利益，造成了不良的社会影响。例如，2008 年，为获取由中国电信公司向北京铁通公司支付的网间结算费用的提成，云南保山的邓某和朱某用中国电信号码拨打北京铁通号码，仅两个半月的时间，中国电信保山分公司支付给北京铁通公司的网间结算费达到了 6.2 万元。

(五)激化互联矛盾

某些电信运营商不通过正常途径解决网间互联争议，或由于违规经营间接引发了网间互联争议，主要矛盾有：①不通过正常途径，而是采用围攻或诋毁竞争对手等过激方式解决争议。例如，2009 年 9 月，在广东梅州，一些中国移动专营店打出"189 就是 133，本店无 189 销售"的横幅，并经常用短信的方式诋毁中国电信的业务。②对网间互联的安全性不够重视，网间通信障碍处理机制不完善，导致互联障碍严重。③互联一方在网内协调路由组织、中继电路、信令方式等时，不提前向互联对象通报，擅自改动，造成网间互联中断。

电信业网络接入的本质是运营商之间的利益调整，只有以成本为基础进行网间结算，电信运营商才能获得相应的收入。目前，中国电信业由于电信运营商之间经济利益失衡，运营商在网络接入方面仍有保留。例如，在移动市场，中国移动仍是一家独大，若不对网络接入进行强化，中国移动有可能利用大网络优势以各种形式限制新运营商的进入。若强制中国移动的网络接入业务，高的接入价格有可能阻碍新运营商的进入，因为新运营商负担不起，市场竞争则无法开展；低的接入价格则会使低效率的运营商进入市场，有可能引发恶性价格战。

此外，中国电信运营商的网间互联障碍也受到中国电信市场格局和体制的变化影响(牟清，2011)。自1994年中国电信市场引入竞争以来，中国电信业的市场格局和体制变化较快，而与电信业相关的法律法规有时不能跟上这种变化，以及有时电信监管缺位和失效，从而导致电信运营商在网络接入方面存在许多不规范的行为。

第五节　全业务运营环境下中国电信业网络接入规制存在的主要问题

一、网络接入规制政策存在的问题

(一)规制力度不够

1. 不能及时遏制来自电信运营商的互联阻力

电信市场的主导运营商在网络接入方面的不规范行为与网络接入需求方在资费方面的不规范行为经常交织在一起。例如，网络接入过程中主导运营商可能会拖延互联时限、降低网间接通率、增加接续时间及网间费用等，而规制机构在面对这些问题时很难进行有效处理。

2. 网络接入谈判与争议的解决不畅

由于网络接入争议处理程序不够具体，相关的法律法规不完善。例如，"对于主导运营商从接到其他运营商要求进行网络接入谈判的通知时，到开始谈判的时间段内，谈判双方需要承担的保密义务等不够明确"。当网络接入双方意见不能达成一致时，规制机构的介入也无法使问题明朗化。同时，规制机构的执行权限有限。当电信运营商之间发生网络接入纠纷时，规制机构虽然具有裁决权，但除了经济罚款之外，缺乏更具威慑力的惩罚手段。此外，中国电信业现有的监管人员数量偏少，在全业务竞争环境下，更是难以做到全面、快速地打击不良网络接入行为。

3. 缺乏有效的技术手段解决网络接入障碍问题

对于阻碍网络接入的做法，规制机构通常在接到申诉后，即使及时到达事发地，也不一定能够顺利地调查取证。主要原因是，一些电信运营商利用技术手段，在短时间内就可以将网络接入障碍消除，从而令规制机构查无实据。规制机构很难获得关于通信质量和网间结算的第一手数据资料。因此，一旦发生网络接入争议，规制机构经常因模糊的界定而无法明断。规制机构缺乏有效的技术手段，从而难以获得有关方面阻碍网络接入的证据，不能及时、准确地予以处罚，这也是某些电信运营商能够多次阻碍网络接入的重要原因之一。虽然工信部已经逐步建立网络监控系统，但此系统还需要进一步的完善。

(二)网络接入缺乏严格的标准

我国现有的网络接入标准还不够严格，具体的执行标准也不够详细，因而规制机构在处理网络接入障碍时缺乏相应的依据。在全业务运营环境下，电信运营商为夺取更多的电信用户，仍然长期进行价格战，对此，规制机构缺乏一个明确的衡量标准，无法对违规运营商执行有效的约束办法。中国电信业网络接入障碍时有发生，其中一个重要原因是电信市场的恶性竞争，这种恶性竞争使得电信运营商之间的矛盾不断升级，网络接入矛盾进一步恶化。

(三)网络接入质量得不到充分保证

虽然，关于中国电信业的网络接入质量标准有相关法规进行规制，但由于网络接入涉及多个电信运营商的利益，所以在实际执行过程中，接入质量并不能得到充分的保证。引起接入质量问题的因素包括：①技术原因。电信网络接入涉及一系列技术因素，一旦接入技术出现错误，且接入双方不能及时进行解决，网络接入质量就会受到严重影响。②规制原因。电信网络接入是在政府规制机构的强制下进行的，这使得电信运营商存在一定的消极抵触心理，而电信业的全程全网性要求在网络接入过程中各电信运营商相互配合，若电信运营商不配合则势必直接影响通话质量。另外，网络接入过程中规制机构的政策倾斜或协调失败也会引发电信运营商的对抗情绪。③竞争原因。市场竞争的日趋激烈会导致电信运营商之间的话务量迅速增加，通信质量受损。因此，对电信网络接入质量的规制对规制机构而言是其职责的重要内容之一，而这也长期而艰巨的任务。

(四)网络接入问题的立法等级较低，且不具备可操作性

目前，中国电信业网络接入的立法等级较低，针对网络接入问题的法律依据

主要是 2000 年国务院颁布的《中华人民共和国电信条例》（以下简称《电信条例》）和一系列行政法规。《电信条例》中规定的网间互联内容有的并不具备操作性。例如，网络接入要解决的第一个问题是"技术可行"，这就要求规制机构制定全国范围内统一适用的网间互联技术规范。如果没有统一的技术规范，网间互联仅通过电信运营商双方谈判很难完成。

现实中存在大量的阻碍网络接入的案例，虽然在 2009 年工信部下发的《关于进一步落实规范电信市场秩序有关文件精神的通知》对这些问题有所规定，但不够细致具体，且还没有立法。因此，中国虽然在电信市场上构建了三家大型企业全业务运营的市场结构，但是由于没有配套的有效的法律保障措施，各机构及企业在实际操作中无法可依，致使市场排斥了充分有效的竞争。

因此，中国电信业缺乏一部电信法。目前，网络接入问题大多是根据《电信条例》和行政法规进行规制。然而，《电信条例》作为一部行政法规，其系统性和权威性相对有限，无法代替电信法作为网络接入规制的法律地位。因此，规制机构在网络接入规制过程中缺乏法律的授权，其权威性受到不利影响。

二、接入定价政策存在的问题

（一）结算资费标准缺乏经济理论支撑

中国电信业现行网间结算资费标准的历史依赖性较强，规制机构主要从政策的延续性和操作性等角度考虑网间结算标准，而不是基于经济理论确定网间结算资费的标准。例如，在本地网范围内移动用户呼叫固定用户，1999 年实施的《电信网间通话费结算办法（试行）》规定，移动通信运营商应向固定通信运营商支付 0.05 元/分钟的结算资费；2001 年实施的《电信网间通话费结算办法》规定，移动通信运营商应向固定通信运营商支付 0.06 元/分钟的结算资费；2003年实施的《公用电信网间互联结算及中继费用分摊办法》规定，移动通信运营商应向固定通信运营商支付 0.06 元/分钟的结算资费。因此可见，2001 年和 2003年制定的网间结算费用相同，都为 0.06 元/分钟，而《电信网间通话费结算办法（试行）》则规定为 0.05 元/分钟，差距仅有 1 分钱，政策延续性很强。

因此，现行网间结算资费政策很大程度上只是为了规制方便、政策容易实施而制定，并不是以经济理论分析为基础，科学性不强。随着中国电信业改革不断深入，各方对现行网间结算资费标准的质疑不断加深，要求在深入进行理论分析的基础上确定结算资费的呼声日益加强（姜春海，2011）。

（二）网间结算价格偏低

中国电信业在引入竞争的过程中，采用了不对称网间结算政策来扶植新的市场进入者，因而导致网间结算价格偏低。较低的结算价格带来了一系列问题：

第一，低费率的网间结算体系导致电信运营商采取策略性行为阻碍市场竞争。较低的网间结算价格为电信运营商打价格战提供了可行空间，运营商最常用的策略性行为是通过恶性价格战阻碍电信竞争。

第二，较低的网间结算价格，使电信运营商缺乏网络接入激励。网间结算价格水平偏低，不仅不能使电信运营商补偿提供接入服务的成本，更不能体现网络接入的公平合理性，因此，电信运营商没有提供网络接入的激励，这也是目前电信业网络接入不畅的一个重要原因。如果没有公平合理的网间结算，任何措施都不能保证电信业的互联互通。

目前，中国电信业三大运营商从事全业务运营，较低的网间结算价格对网络接入的影响相对于新一轮重组之前来说要小一些，但与国外其他国家比较，中国的网间结算价格仍然偏低。例如，以 1 美元兑换成人民币 6.15 元[①]来计算，0.06元/分钟相当于 0.0098 美元/分钟，远低于美、英、法等发达国家移动电话与固定电话互联时移动运营商支付给固话运营商的结算价格。同时，全业务运营的三大电信运营商所拥有的用户数分布是不均衡的，从而各运营商从网间互联所获得的和所支付的接入费是不相同的，从而提供网络接入的激励也会不一样。

(三)网间结算价格未能反映接入成本

目前，中国电信业的网间结算是以零售资费为基础进行结算的。由于电信业的零售价格具有一定的扭曲性，不能反映提供电信服务的成本，从而使得网间结算价格也不能体现成本，特别是不能体现接入成本，导致网间结算带有很大的主观随意性。另外，将零售资费作为制定网间结算价格的基础，将使新运营商不可避免地依赖于在位垄断运营商的资费结构，这有损新运营商的利益。以零售资费为基础进行网间结算使得电信价格不能真实地反映成本，更不能体现成本结构，使电信运营商缺乏改善管理和降低成本的动力，从而导致经营的低效率。

基于零售资费进行网间结算的方法在国际上已经不再是一种主流的选择，多数电信业发达且电信体制成熟的国家，都相继采用前瞻性的长期增量成本法进行接入定价。是否应以成本为基础确定网间结算资费虽然在理论上争议较小，但在实践中却争议较大。其主要原因是，网间结算应以何种成本为标准存在着较大的异议。

---

① 2016 年以前，中美货币兑换情况为 1 美元＝6.15 人民币。

第三章 国外典型国家电信业网络
接入规制经验及借鉴

本章主要选取在电信改革方面较有代表性的几个国家，对其网络接入规制政策、接入定价规制方法等方面的经验进行总结，得出国外电信业网络接入规制制度的可借鉴之处，并将之作为制定中国电信业网络接入规制政策的基本依据。

第一节 国外典型国家电信业网络接入规制经验

一、美国

（一）网络接入规制政策

在美国，对电信业网络接入的监管隶属于美国联邦通信委员会（Federal Communications Commission，FCC)及州电信监管机构。美国电信业网络接入规制政策主要体现在以下三个方面。

(1)要求每个电信运营商都要承担与其他运营商进行网间互联的义务，并且电信运营商所提供的网络接入质量不得低于向自己的下游附属部门提供接入服务的质量；同时，网络接入的价格和接入条件要求公平、合理，不带有任何歧视性。

(2)美国《电信法》授权 FCC 制定电信业网络接入的各种法规和制度，并且 FCC 制定的各项接入细则要与各州公用事业委员会制定的相关法规相适用。

(3)当电信运营商发生网络接入争议时，FCC 通常采用以下程序来解决：首先由电信运营商进行自愿谈判，在谈判过程中 FCC 进行调解；如果通过运营商谈判、FCC 调解仍不能解决，则 FCC 会采用强制性仲裁达成网络接入协议。

美国电信业网络接入规制制度一直处于动态演进之中，规制机构制定出的法律法规较为细致，可操作性较强。

（二）接入定价规制

1996 年美国《电信法》的实施，明确要求网络接入资费必须由电信运营商之间通过谈判达成。为实现以成本为基础的定价目标，FCC 提出了两种改革接入收费体制的办法：一是市场驱动法，即开放电信市场，让竞争性本地运营商进入市场，使接入价格接近经济成本；二是规范法，即由 FCC 对不同时期的接入收费进行规制。此后，接入收费体制不断改革，如今美国电信业接入定价的指导原则是全要素长期增量成本。在本地竞争法令中，要求按照前瞻性长期增量成本进行接入定价，但 FCC 主张使用全要素长期增量成本。如果各州在规定时间内未能确定合适的成本模型，FCC 将为各州制定最高限价及可变动的范围。

目前，美国移动用户呼叫本地电信运营商的固定用户时，移动运营商向固定运营商支付的接入价格平均为 9.1 美分/分钟；反之，当本地电信运营商的固定用户呼叫移动用户时，本地电信运营商无需向移动运营商支付接入费用。与中国电信业情况类似，美国固定—移动之间实行的也是单向不对称结算，即移动用户呼叫固定用户需进行结算，固定用户呼叫移动用户不需结算。美国移动—移动之间的结算要比移动—固定之间的结算简单：在单向收费情况下，移动运营商之间对等结算；在双向收费情况下，移动运营商之间不结算；如果移动运营商之间没有实现直联，必须通过固定电信网络转接时，由主动呼叫方向固定运营商支付转接费。

二、英国

(一)网络接入规制政策

英国电信管理局(office of telecommunications，OFTEL)曾负责电信业网络接入管理。OFTEL 对英国电信(BT)公司的网络接入规制比其他电信运营商要严格。OFTEL 规定了 BT 公司在网络接入方面的义务，并强制要求 BT 公司制定并公布非歧视的接入资费标准。BT 公司根据 OFTEL 的要求，于 1995 年制定并公布了《网络接入与财务分离报告》。英国电信管理局每年都要审定各电信运营商之间的接入资费，并根据情况做出相应的调整。英国的网络接入规制政策，使提供网络接入服务的主导电信运营商得到了合理的接入利润，同时又减少了新进入运营商支付的接入费用，避免了瓶颈设施的重复建设。

(二)接入定价规制

英国的电信业在不同阶段采用不同的接入定价方法。在电信开放初期，接入资费由主要电信运营商协商决定，当不能达成协议时，才由 OFTEL 出面确定，后来采用了基于长期增量成本的接入定价方。OFTEL 将电信业务分为竞争性业务、未来竞争性业务和非竞争性业务。在竞争性业务中 BT 公司可以自由制定接入价格；未来竞争性业务的接入价格最初采用价格上限规制，后来不断发生变化；非竞争性业务主要采用价格上限的接入定价规制方法。

徐莉(2001)研究显示：在英国，当其他电信运营商的用户呼叫 BT 公司的用户时，BT 公司收取的接入资费受到 OFTEL 的规制，目前按照固定电话资费的 25% 进行收取。当 BT 公司的用户呼叫其他运营商的用户时，BT 公司按要求支付给其他电信运营商接入费用，如果对其接入资费有疑问，可由 OFTEL 进行协调和规制。

三、日本

(一)网络接入规制政策

日本邮政公社(2001 年前为邮政省，2001 年 1 月~2013 年 4 月为总务省)是负责电信业网络接入管理的部门。日本在 1997 年通过的《电信事业法》修正案中，第一次增加了网络接入基本规则的内容。根据该法律，第一类电信运营商履行网络接入的普遍义务。同时，《电信事业法》制定了一系列规章制度，以保证网络接入的及时、公正与透明。例如，邮政省有权指定电信运营商的电信设施，并要求拥有指定电信设施的电信运营商制定接入资费体系，以及公布关于修改或扩展电信设施的计划等。1996 年以前，日本电信业的网络接入是强制性的，主要由电信运营商进行商业谈判来决定。然而，到 1997 年以后，网络接入机制发生变化，规制机构对网络接入问题进行规制，主要规制思路是：每年 10 月电报电话公司(Nippon Telegraph&Telephone，NTT)须向邮政省提交接入费标准的申请报告，此资费标准得到邮政省认可后，就作为下一年度的接入定价标准。

(二)接入定价规制

日本最初的接入资费并不是基于成本制定的，而是由电信运营商之间商议决定。1994 年、1995 年、1996 年、1997 年和1998 年的接入资费标准分别为 12.57 日元/3 分钟、10.46 日元/3 分钟、9.20 日元/3 分钟、8.21 日元/3 分钟笔 7.60 日元/3 分钟。

1997 年，日本邮政省成立专门的组织机构研究长期增量成本的计算模型，并受到各电信运营商的欢迎。用长期增量成本法计算出的接入资费标准为 3.70 日元/3 分钟，比原有的标准低 51.3%。

2001 年，日本《电信事业法》规定，为保证接入费收费的公平、合理，接入费用由电信运营商之间进行协议，并以成本为基础。成本测算方法由公共管理部、内务部和总务省特殊法令确定。2003 年，日本再次修改了《电信事业法》，进一步放松对市场准入的规制，取消了第一类运营商和第二类运营商的区别，新网间结算政策采用修订的长期增量成本模型来计算结算价格。

第二节　国外典型国家电信业网络接入规制的经验借鉴

一、电信法是网络接入规制的法律基础

电信法在美国等电信业发达国家是网络接入规制政策的基础。电信法的出台力求促进电信业能够实现全面竞争。然而，不管是自建电信设施，还是进行非绑定网络元素竞争，或者进行转售竞争，网络接入都是不可或缺的关键环节。由于电信法可以授权规制机构负责制定并实施电信业网络接入政策，故而在电信业发达国家一般都会颁布专门的电信法指导网络接入政策的制定（表3.1），电信法成为电信业网络接入政策的法律基础，在网络接入规制方面起着决定性作用。

表 3.1　电信业发达国家的规制机构和电信立法

国家	规制机构	电信立法	区域
美国	州际商业委员会（ICC）(1910~1934) 联邦通信委员会（FCC）(1934) 州公用事业委员会(1973) 国家电信和信息管理局（NTIA）	《电信法》(1934，1996)	北美洲
加拿大	广播电视管制委员会（CRTC）	《电信法》	
英国	贸工部（MTI） 电信管理局（OFTEL）	《电信法》(1981，1984)	欧洲
德国	联邦邮电部(1997 年前) 邮电管理局（Reg TP）1998	《电信法》(1996)	
法国	电信管制局（ART)） 频率管理局（ANF）	《电信管制法》(1996)	
澳大利亚	电信管制局（AUSTEL）	《电信法》(1989，1991)	大洋洲
日本	邮政省（MPT） 总务省综合通信基础局	《公用电信法》(1952) 《电气通信事业法》(1984) 《电气通信事业关系调整法》(1984)	亚洲

资料来源：吕志勇. 2007. 产业开放与规制变革——中国电信产业市场化进程研究［M］. 上海：上海人民出版社.

二、接入资费主要以成本为基础

世界贸易组织（World Trade Organization，WTO）和国际电信联盟（International Telecommunication Union，ITU）都倾向以成本为基础确定电信业网络接入资费，欧盟则明确要求以前瞻性长期增量成本为基础确定接入资费，美国《电信法》也要求以前瞻性长期增量成本为基础，确定接入资费。主要区别在于，欧盟采取了全业务长期增量成本（total service long run incremental cost，TSLRIC）方法，而美国则采取了全要素长期增量成本（total element long run incremental cost，TELRIC)方法。

事实上，除了美国和英国之外，日本、澳大利亚、加拿大等国家也倾向于基于成本，特别是长期增量成本(long run incremental cost，LRIC)来确定网络接入资费(表 3.2)。根据长期增量成本确定接入资费的方法正日益成为世界各国电信业接入定价的主流。

表 3.2　部分国家或地区电信业基于成本的接入定价方法

国家/地区	基于历史成本的完全分摊法	基于前瞻性的长期增量成本法
澳大利亚		★
加拿大		★
哥伦比亚		★(新系统)
哥斯达黎加		★
丹麦		★
法国		★
中国香港		★
韩国	★	
尼泊尔	★+直接成本	
荷兰	★	
秘鲁		★
瑞士	★	
英国	★(旧系统)	★+资费上限(新系统)
美国	★资费上限(旧系统)	★(新系统)
委内瑞拉		★

资料来源：高斌. 2004. 通信经济学 [M]. 北京：人民邮电出版社。

注：★表示相应国家采用★所对应的成本接入定价方法。

三、规制机构具有较强的独立性和权威性

大多数发达国家在电信规制体制改革过程中，都相继成立了独立性较高的电信规制机构，并且这些规制机构能够得到法律的授权。王俊豪和沈吉(2008)指出："1990 年有 13 个国家设立独立电信规制机构，到 2003 年中期，独立电信规制机构的数目已经达到 123 个，并且这个数目仍在不断增加"，如图 3.1 所示。

以美国为例，从 1934 年的《电信法》到 1996 年新的《电信法》都规定 FCC 是一个地位独立、权力集中的规制机构，并且具有准立法与准司法职能。《电信法》赋予了 FCC 会强大的权威性和规制权力。FCC 的独立性主要表现在以下两个方面：一是独立于电信运营商，不与电信运营商发生经济往来，即政企分开；

二是独立于政府部门，不对政府负责，只对国会负责。FCC 的核心领导成员来自不同领域，其主席是由总统提名，所有成员是由国会任命。由于具有较强的独立性，FCC 在电信规制过程中处于中立的地位，不受各种利益集团压力的影响，从而能够客观地对电信业进行规制。FCC 的权威性主要体现为：它是美国电信规制体系的核心。只要不违背竞争规则和损害消费者利益，联邦和各州政府不会轻易出面直接干涉 FCC 的规制政策，国会两院和联邦法院也不轻易干涉。

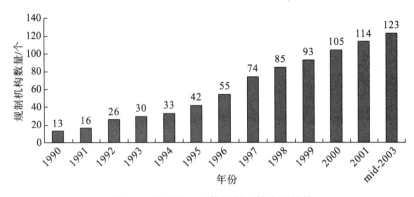

图 3.1　全球独立电信规制机构发展趋势

资料来源：王俊豪，沈吉. 2008. 发达国家的电信管制机构及其启示［J］. 经济管理，（08）。

第四章　全业务运营环境下中国电信业的单向接入规制

20世纪80年代以来，放松规制、引入竞争已成为世界电信业市场化改革的主导趋势。单向接入问题是世界各国电信业市场化改革面临的首要问题，也是决定一个国家电信改革成效和产业未来发展方向的关键因素之一。电信市场开放早期，由于本地网铺设成本高昂，为防止出现重复建设，各国政府在开放电信业其他业务的同时仍维持本地接入业务的垄断经营，这使得在位垄断运营商可凭借本地网接入瓶颈对新进入运营商采取策略性行为。2008年，我国电信业经过重组，新的中国移动、中国联通、中国电信都实现了全业务运营，然而，我国电信市场仍存在一批经营增值业务的竞争性运营商，它们仍需要通过与主导电信运营商进行网络接入才能提供相应的电信服务，因此，单向接入问题仍然存在。

单向接入时，由于拥有瓶颈设施的在位运营商不需要与新进入运营商进行网络接入就能完成自己的电信业务，而竞争领域的新进入运营商提供电信服务必须接入在位运营商的瓶颈设施，所以接入双方的接入地位是不平等的，拥有瓶颈设施的在位运营商不可能主动提供有效接入。同时，对在位运营商而言，提供接入意味着其垄断经营的业务市场受到新进入运营商的冲击，此时，在位运营商有激励对新进入运营商采取策略性行为排斥市场竞争。因此，为了保证电信竞争效率，对单向接入问题进行政府干预在电信业界和理论界已经形成共识。

第一节　单向接入的瓶颈设施及接入规制目标

一、单向接入的瓶颈设施

单向接入的瓶颈设施主要是指本地电话网。张昕竹等(2000)和程肖君(2008)研究指出，"本地电话网是由配线层和进线电缆构成的。将最终用户端到单向接入节点的所有连线部分称为接入配线层；将接入节点到本地交换中心所捆绑的电缆称为进线电缆。配线层和进线电缆的固定成本较大，并且不会随着通话流量的变化发生较大程度的改变，即这两者的边际成本很小"。因此，一般将本地电话网看成是电信业单向接入的瓶颈设施。随着光缆技术的发展，如数字交换机、异步传输交换等新技术相继出现，前面描述的本地电话网的特征也随之发生了一些变化，尤其是进线电缆部分，但总的来讲，这些描述基本上仍然符合本地电话网的特征。

二、单向接入规制政策目标

电信业发展有效竞争的关键在于制定明智的接入规制政策（拉丰等，2001）。那么，什么是好的接入规制政策，或者说接入规制政策应该达到什么目标呢？很显然，一个好的接入规制政策必须反映多重目标，这些目标包括：①促进瓶颈设施的有效利用；②鼓励瓶颈设施所有者提供有效的网络投资；③保证电信运营商能够回收瓶颈设施的建造与运营成本；④鼓励下游竞争市场有适当数量的新运营商进入；⑤最大限度地降低运营商的生产成本和规制机构的规制成本等。

然而，同时实现上述这些目标非常困难，甚至是不可能的。一是规制机构掌握的规制工具有限，如果仅仅依靠有限的规制工具实现上述所有目标，困难很大。二是规制机构即使拥有足够的规制工具，要同时实现如此多目标也不符合实际，因为上述目标在很多情况下相互矛盾。例如，为了鼓励新运营商进入下游竞争性市场，规制机构应该将接入价格定低一些，然而接入价格过低，则会使在位垄断运营商遭受损失，不能保证其回收提供单向接入的成本，从而提高对下游竞争对手关闭瓶颈设施的激励，同时缺乏维护和更新瓶颈设施的激励；此外，接入价格过低将会使一些效率低的新运营商也进入下游竞争市场，导致下游竞争市场电信运营商数量过多。如果接入价格定得过高，则会导致新运营商很难进入下游竞争市场，从而使得在位垄断运营商继续在下游市场保持垄断地位；同时，还有可能导致上游瓶颈部门的重复建设，导致社会资源的浪费（姜春海，2006a）。

一般来说，在不同时期单向接入规制目标存在细微的差别。在电信业进行规制改革之初，为了引入竞争机制，规制机构可能侧重于鼓励适当数量的新运营商进入下游竞争市场，而对其他目标有所忽视。所以，很多国家在电信市场化改革之初对在位运营商和新进入运营商的网络接入采用了不对称规制，以鼓励新运营商进入。如果规制机构为保证在位垄断运营商能够回收瓶颈设施的建造与运营成本，则可能会采用基于成本的方法进行接入规制。因此，规制机构具体采取什么样的单向接入规制政策，取决于不同时期单向接入规制基本目标之间的权衡。

第二节　单向接入的纵向市场结构

单向接入问题实质上是随着电信业纵向市场结构改革而引发的，不同的纵向市场结构所面临的接入问题和接入矛盾也不相同，因此在对单向接入相关问题进行研究时应结合一定的纵向市场结构。电信业的纵向市场结构主要有三种：纵向一体化的垄断结构、纵向分离结构和纵向一体化的自由化结构（李美娟，2011）。

一、纵向一体化的垄断结构

20 世纪 70 年代，在电信规制体制改革前，各国对电信业一般采用如图 4.1 所示的上下游纵向一体化的独家垄断市场结构。在纵向一体化的垄断结构下，上游瓶颈设施由垄断运营商独家拥有，接入服务和下游最终产品或服务由同一垄断运营商提供和生产。因此，在纵向一体化的垄断结构下，整个电信业只存在一家垄断运营商，并由其提供市场需求的所有产品或服务，所以不存在实际接入问题，瓶颈设施问题已经完全内部化。接入定价的选择完全是同一垄断运营商内部的转移定价，规制机构的规制重点主要是垄断运营商的最终产品或服务的零售价格水平。

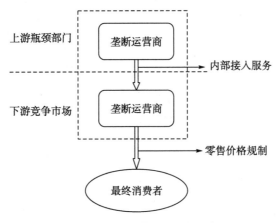

图 4.1　纵向一体化的垄断结构

二、纵向分离结构

纵向分离结构是将原来纵向一体化的在位垄断运营商上游市场和下游市场进行拆分，上游瓶颈市场由一个电信运营商垄断经营，同时在下游市场引入竞争机制，并禁止上游垄断运营商进入下游市场，即上游垄断运营商与下游市场完全分离，如图 4.2 所示。竞争性运营商通过接入上游垄断运营商的瓶颈设施在下游竞争性市场提供最终产品或服务。在纵向分离市场结构下，世界各国都对单向接入价格进行规制。

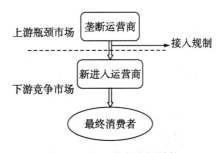

图 4.2　纵向分离市场结构

三、纵向一体化的自由化结构

纵向一体化的自由化结构是指允许上游拥有瓶颈设施的垄断运营商保持一体化状态，即垄断运营商既在上游市场提供接入服务，又在下游市场提供最终产品或服务的生产，并同时允许其他竞争性运营商在下游市场参与经营（李美娟，2012a），如图4.3所示。

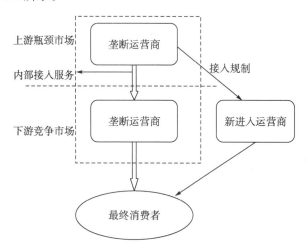

图4.3 纵向一体化的自由化结构

在纵向一体化的自由化结构下，下游市场引入竞争可以带来很多好处。例如，新进入运营商能够给消费者提供原垄断运营商没有提供的服务，这样可以增大消费者的选择空间；新进入运营商有可能以更先进的技术提供市场已有的服务；此外，新运营商的进入使在位垄断运营商面临竞争压力，促使后者提高效率。然而，该结构也存在诸多不足。例如，上游垄断运营商具有设置较高的接入价格或降低接入质量等手段阻碍新运营商进入的激励。因此在纵向一体化的自由化结构下，规制机构不仅要规定强制接入的义务，还需对接入价格和接入质量给予规制，通过单向接入规制，为下游市场的竞争性运营商创造公平的竞争环境。

在纵向分离结构和纵向一体化的自由化结构中，电信业上、下游瓶颈环节和竞争环节分离，产生了网络接入问题，需要规制机构对瓶颈部门的接入服务进行规制，以保证瓶颈设施所有者既不会实行垄断定价，又有提高运营效率和服务质量的激励。电信业改革后，在现实中，纵向分离结构比较少见，因为纵向分离结构在实质上形成了两个分割的市场：上游垄断市场和下游竞争市场，上游市场垄断将导致电信运营商没有激励降低成本，也没有动力进行网络投资和技术更新，不利于电信市场竞争效率的提高。理论和实践证明，对电信业实行市场开放政策，纵向一体化的自由化结构优于纵向分离结构。

在本节后面部分的内容所涉及的纵向一体化结构主要是指纵向一体化的自由

化结构，因为电信业放松规制、引入竞争的市场化改革后，世界各国原来的纵向一体化垄断结构几乎都经历了分拆和重组（中国也如此），纵向一体化的自由化结构是电信业市场结构改革的主要趋势。

第三节　基于价格策略性行为的单向接入规制

在电信业的单向接入中，由于上游垄断运营商控制着瓶颈设施，新进入运营商必须接入该设施才能提供服务，参与市场竞争（李美娟，2011）。因此，瓶颈设施的存在意味着——为形成市场竞争，在位垄断运营商必须向所有新进入运营商无歧视地开放瓶颈。但在位垄断运营商为限制市场竞争并不会自动满足新进入运营商的接入要求，往往会采取一些歧视行为阻止潜在竞争对手的进入或迫使已进入者退出市场，达到市场圈定（market foreclosure）的目的。

一、纵向市场圈定

市场圈定指的是一种商业行为，该行为限制若干买者与一个卖者接触的通道（即"上游圈定"），或者限制若干卖者与一个买者接触的通道（即"下游圈定"）（Tirole，1998）。市场圈定一般存在于有一个部门或者产品已经被垄断的情况下，垄断性的卖者或买者在其竞争性的上游市场或者下游市场中有效地利用其垄断势力，排斥竞争者。Rey 和 Tirole 认为在位垄断运营商将拥有瓶颈设施的子市场上的垄断势力施加到面临潜在进入的子市场上，用以限制竞争的行为即是市场圈定。而纵向市场圈定是指纵向一体化的在位垄断运营商拒绝竞争对手接入自己的瓶颈设施，或拒绝向竞争对手提供作为瓶颈投入要素的接入服务，以便将瓶颈市场的垄断势力扩展到竞争市场。此时，瓶颈设施作为纵向一体化电信运营商提供的产品，对下游竞争性电信运营商而言是必不可少的，并且不能被轻易地替代或复制，纵向市场圈定意味着瓶颈设施拥有者具有较强的激励同时垄断上下游市场，即瓶颈设施的所有者有很强的动机，设法将垄断部门的市场支配力延伸到上游或下游互补部门。显然，竞争性市场上被纵向一体化的在位垄断运营商圈定的电信运营商因受到纵向一体化电信运营商的瓶颈设施挤压会遭受巨大损失。

中国电信业的纵向结构主要是纵向一体化的自由化结构，在自由化市场结构下，由于上游垄断运营商拥有瓶颈设施，故而垄断运营商具有很强的动机在对下游市场的新进入运营商提供网络接入服务时进行歧视，将其上游垄断势力延伸到下游竞争性市场，从而实现纵向市场圈定。实施纵向市场圈定的工具有非价格行为（如捆绑销售、采取排他性交易合约等）和价格行为（如价格歧视和价格挤压等），本节主要分析在位垄断运营商利用价格行为实施纵向市场圈定阻碍电信竞争。Tirole（1998）认为在位垄断运营商的价格歧视行为会导致竞争对手的市场份额减少甚至退出市场，或潜在的竞争对手无法进入，进而达到纵向市场圈定效果。根据 Joskow(1985)对价格挤压的定义，"该垄断性供应商为所供应的投入品向其下游竞争对手收取一个如此之高的价格，以至于后者在下游市场与一体化运营商进行竞争而无利可图"。拥有瓶颈设施的在位垄断运营商通过单向接入对下游市场的独立竞争运营商收取一个高于其内部下属部门的接入价格，在下游市场对竞争对手实行价格挤压，这无疑会提高下游市场竞争对手的成本，从而实现对竞争对手的市场圈定。

Ordover、Saloner 和 Salop(1990)构建一个四阶段博弈模型(亦称 OSS 模型)证明了纵向一体化具有市场圈定效应。Hart 等(1990)基于所有权和剩余索取权理论，构建的纵向一体化和市场圈定分析框架，形成了后续研究的参照。Martin 等(2001)对存在一个上游垄断运营商和下游双寡头运营商之间的市场圈定行为进行经验研究，发现上游垄断运营商会对下游运营商实施纵向圈定。Salinger (1988)发现纵向合并后实现一体化的在位运营商通过停止向下游部门提供瓶颈投入要素，从而圈定其他下游运营商。Armstrong(1998，2002)认为在单向接入中，瓶颈垄断运营商会倾向于向新进入运营商索取高于社会最优水平的接入价格，即通过价格挤压排斥下游市场的竞争。Weisman(2001)分析了纵向一体化垄断者扭曲接入价格以排斥下游竞争者的激励问题。认为只要使用有效成分接入定价法来确定接入价格就可以防止歧视行为的发生。Gabszewicz 等(2008)甚至认为上游在位垄断运营商通过兼并瓶颈设施的下游购买者能够达到市场圈定的效果。Suzuki(2009)对时代华纳和特纳广播公司的纵向合并案例的分析表明，纵向合并在上、下游市场均实现了市场圈定的效果。

以上研究中，大部分学者将重心放在了电信运营商实施纵向市场圈定的条件和效果上，而能否达到纵向市场圈定的效果，是与实施市场圈定的电信运营商和被圈定电信运营商在下游市场的生产效率有关的，但现有文献少有涉及两者生产效率的差异对纵向市场圈定的影响。本节在参考大量前人研究的基础上，通过构建一个两阶段博弈模型，试图找出电信运营商的生产效率与纵向市场圈定的关系，为中国电信业的单向接入规制提供建议和支持，以促进电信市场竞争效率的提高。

二、博弈模型

(一)基本假定

假定一个纵向一体化的在位运营商垄断经营上游的本地电话网，同时在下游竞争性市场提供长途电话业务，下游市场新进入 $n-1$ 个长话运营商与其竞争。新进入运营商必需接入在位垄断运营商的本地电话网才能提供长话业务，假定提供一单位的长话恰好需要一单位的本地电话网的接入，令接入价格为 a。在位垄断运营商在上游市场提供接入服务和在下游市场提供长话业务的边际成本分别为 c_0、c_1，$n-1$ 个新进入运营商的边际成本相同，都为 c_2，并且 c_0、c_1 和 c_2 都是固定不变的常数，本部分不考虑固定成本①。在位垄断运营商和新进入运营商在下游市场提供长话业务的数量分别记为 q_1 和 q_k，其中 $k=2$，$\cdots$，n。下游市场 n 个运营商向消费者提供的长话是同质的②，并进行数量竞争（Cournot），其中逆需求函数为 $p=\gamma-\beta Q$（p 为长话价格，γ、β 为正的常数，且 $\gamma>c_0+c_1$，$Q=q_1+\sum_{k=2}^{n}q_k$，）。在位垄断运营商在上游市场的接入利润函数 π_1^{u} 和下游市场的长话利润函数 π_1^{d} 分别为

$$\pi_1^{\mathrm{u}}=(a-c_0)\sum_{k=2}^{n}q_k \quad,\pi_1^{\mathrm{d}}=\left[\gamma-\beta(q_1+\sum_{k=2}^{n}q_k)-(c_0+c_1)\right]q_1 \quad (4.1)$$

纵向一体化的在位垄断运营商总利润函数为

$$\pi_1=\pi_1^{\mathrm{u}}+\pi_1^{\mathrm{d}} \quad (4.2)$$

新进入运营商 k 的利润函数 π_k 为

$$\pi_k=\left[\gamma-\beta(q_1+\sum_{k=2}^{n}q_k)-(a+c_2)\right]q_k \quad (4.3)$$

（二）模型分析

由于在位垄断运营商控制着单向接入的瓶颈设施——本地电话网，如果规制机构不对电信网络实行强制接入，则在位垄断运营商会拒绝向新进入运营商提供接入服务，从而获取垄断利润 π^{M}，其中：

$$\pi^{\mathrm{M}}=\left[\gamma-\beta q_1-(c_0+c_1)\right]q_1$$

由利润最大化的一阶条件 $\dfrac{\mathrm{d}\pi^{\mathrm{M}}}{\mathrm{d}q_1}=0$，可求出在位垄断运营商垄断条件下的产量 q_1^{M}、价格 p^{M} 和利润 π^{M}，即

$$q_1^{\mathrm{M}}=\frac{\gamma-c_0-c_1}{2\beta},p^{\mathrm{M}}=\frac{\gamma+c_0+c_1}{2},\pi^{\mathrm{M}}=\frac{(\gamma-c_0-c_1)^2}{4\beta}$$

一般来说，各个国家都会对电信网络实行强制接入。我国在 2000 年颁布的《电信条例》作出了明确规定：主导电信业务经营者不得拒绝其他电信业务经营者和专用网运营单位提出的互联互通要求。在强制接入的条件下，接入价格是由规制机构设定还是由市场决定呢？如果接入价格由市场决定，在位垄断运营商是否会采取策略性行为排挤下游市场的竞争，实现纵向市场圈定？下面通过构建二

①　因为假定固定成本为零，并不影响分析的结论。
②　这一假定意味着不需要规制机构对长话价格进行统一规制，n 个下游运营商在长话市场面临的最终零售价格相同。

阶段博弈模型进行分析。n 个运营商进行博弈的顺序如下：首先，在位垄断运营商由利润最大化确定接入价格 a；其次，在下游长话市场，在位垄断运营商和新进入运营商分别确定各自的产出水平。根据逆向归纳法，先分析长话市场在给定接入价格条件下的均衡价格和数量，然后求解均衡接入价格。

由利润最大化的一阶条件 $\dfrac{\partial \pi_1}{\partial q_1}=0$，$\dfrac{\partial \pi_k}{\partial q_k}=0$，得到各自的反应函数：

$$q_1 = \frac{\gamma - \beta(n-1)q_k - c_0 - c_1}{2\beta}, q_k = \frac{\gamma - \beta q_1 - a - c_2}{n\beta}$$

反应函数联合求解得到各运营商的最优产出：

$$q_1^* = \frac{\gamma + (n-1)a + (n-1)c_2 - nc_0 - nc_1}{\beta(n+1)}, q_k^* = \frac{\gamma - 2a - 2c_2 + c_0 + c_1}{\beta(n+1)}$$

$$(4.4)$$

同时，计算出下游市场的总产出 Q^* 和长话价格 p^* 分别为

$$Q^* = \frac{n\gamma - (n-1)a - (n-1)c_2 - c_0 - c_1}{\beta(n+1)} \tag{4.5}$$

$$p^* = \frac{\gamma + (n-1)a + (n-1)c_2 + c_0 + c_1}{n+1} \tag{4.6}$$

命题 4.1　在位垄断运营商行使价格策略性行为阻碍了下游市场的竞争，并且这种策略性行为动机越强，在位垄断运营商在下游市场的竞争优势越明显，对新进入运营商越不利。

证明：p^*、q_1^* 和 q_k^* 分别对接入价格 a 求导，可得

$$\frac{\mathrm{d}p^*}{\mathrm{d}a} = \frac{n-1}{(n+1)} > 0, \frac{\mathrm{d}q_1^*}{\mathrm{d}a} = \frac{n-1}{\beta(n+1)} > 0, \frac{\mathrm{d}q_k^*}{\mathrm{d}a} = -\frac{2}{\beta(n+1)} < 0$$

因而有

$$\frac{\mathrm{d}\pi_1^{\mathrm{d}*}}{\mathrm{d}a} = \frac{\mathrm{d}p^*}{\mathrm{d}a}q_1^* + (p - c_0 - c_1)\frac{\mathrm{d}q_1^*}{\mathrm{d}a} > 0$$

$$\frac{\mathrm{d}\pi_k^*}{\mathrm{d}a} = (\frac{\mathrm{d}p^*}{\mathrm{d}a} - 1)q_k^* + (p - a - c_2)\frac{\mathrm{d}q_k^*}{\mathrm{d}a}$$

$$= -\frac{2}{n+1}q_k^* + (p - a - c_2)\frac{\mathrm{d}q_k^*}{\mathrm{d}a} < 0$$

由此可知，在位垄断运营商通过提高接入价格增加新进入运营商的运营成本，使其利润受损的同时，将其长话需求转移给在位垄断运营商，使得在位垄断运营商的下游利润增加，所以在位垄断运营商在接入价格上的策略性行为使得下游市场的竞争受阻。由 $\dfrac{\mathrm{d}q_1^*}{\mathrm{d}a} > 0$ 和 $\dfrac{\mathrm{d}q_k^*}{\mathrm{d}a} < 0$ 可知，接入价格越高，在位垄断运营商在下游市场的竞争优势越明显，对新进入运营商越不利，证毕。

命题 4.2　在位垄断运营商行使价格策略性行为能否达到纵向市场圈定的效

果，取决于其在下游市场的附属部门与新进入运营商的边际成本的比较。当在位垄断运营商的下游附属部门处于成本优势或者两者边际成本相等时，即 $c_1 \leqslant c_2$，在位垄断运营商通过行使价格策略性行为能够阻碍新运营商的进入，实现纵向市场圈定；当在位垄断运营商的下游附属部门处于成本劣势时，即 $c_1 > c_2$，则其行使价格策略性行为并不能完全阻碍新运营商的进入，长话市场最后会成为多寡头竞争局面。此时的接入价格会随着进入运营商数目的增加而下降，市场进入推动数量竞争，社会福利增加。

证明：将式（4.4）中的 q_1^* 和 q_k^* 的值代入在位垄断运营商的利润函数式（4.2），有

$$\pi_1 = \frac{n-1}{\beta(n+1)}(a-c_0)(\gamma - 2a - 2c_2 + c_0 + c_1)$$
$$+ \frac{[\gamma + (n-1)a + (n-1)c_2 - nc_0 - nc_1]^2}{\beta(n+1)^2}$$

在位垄断运营商选择最优的接入价格 a 以最大化其利润，即 $\frac{d\pi_1}{da} = 0$，可得

$$a^* = \frac{(n+3)\gamma + (n+3)c_0 - 4c_2 - (n-1)c_1}{2(n+3)} \tag{4.7}$$

将式（4.7）代入式（4.4），可求得 q_1^* 和 q_k^* 的值分别为

$$q_1^* = \frac{(n+3)\gamma - (n+3)c_0 + 2(n-1)c_2 - (3n+1)c_1}{2\beta(n+3)}, q_k^* = \frac{2(c_1 - c_2)}{\beta(n+3)}$$

（1）当 $c_1 = c_2$ 时，则有

$$q_k^* = 0, q_1^* = \frac{\gamma - c_0 - c_1}{2\beta} = q_1^M$$

$$p^* = \frac{\gamma + c_0 + c_1}{2} = p^M, \pi_1^* = \frac{(\gamma - c_0 - c_1)^2}{4\beta} = \pi_1^M$$

$$a^* = \frac{\gamma + c_0 - c_1}{2}, a^* - c_0 = \frac{\gamma - c_0 - c_1}{2} > 0$$

可以得出，当下游市场 n 个运营商的边际成本相等时，如果接入价格由市场决定，在位垄断运营商就会通过制订高接入价格排斥竞争对手，并将竞争对手完全驱逐出下游市场（$q_2^* = 0$），达到市场圈定的目的。在位垄断运营商之所以能够实现市场圈定，是因为它具有相当的市场势力，通过提高接入价格抬高新进入运营商的边际成本，使得新进入运营商在接入价格和下游市场最终产品价格的双重挤压下无利可图而退出市场。因此，在位垄断运营商就将上游市场的垄断势力延伸到下游竞争性市场，通过制订垄断价格（$p^* = p^M$），获取垄断利润（$\pi^* = \pi^M$）。

（2）当 $c_1 < c_2$ 时，在下游竞争市场，新进入运营商提供长话业务的边际成本（$a + c_2$）大于在位垄断运营商的边际成本（$c_0 + c_1$），此时，新运营商因为进入市场无利可图而被排斥在竞争性市场之外。

(3)当 $c_1 > c_2$ 时，即新进入运营商具有成本优势，此时下游市场的产量 q_1^* 和 q_k^* 都大于零，表明在位垄断运营商并不能完全阻碍新运营商的进入。下游市场的价格 p^* 和总产出 Q^* 分别为

$$p^* = \frac{(n+3)\gamma + (n+3)c_0 + 2(n-1)c_2 - (n-5)c_1}{2(n+3)}$$

$$Q^* = q_1 + (n-1)q_k = \frac{(n+3)\gamma - (n+3)c_0 - 2(n-1)c_2 + (n-5)c_1}{2\beta(n+3)}$$

同时，

$$p^* - p^M = \frac{(n-1)}{n+3}(c_2 - c_1) < 0, \text{即 } p^* < p^M, \text{且} \frac{dp}{dn} = \frac{4(c_2 - c_1)}{(n+3)^2} < 0$$

$$Q^* - q_1^M = \frac{(n-1)}{\beta(n+3)}(c_1 - c_2) > 0, \text{即 } Q^* > q_1^M, \text{且} \frac{dQ^*}{dn} = \frac{4(c_1 - c_2)}{\beta(n+3)^2} > 0$$

因此，当在位垄断运营商处于成本劣势时，不能通过价格策略性行为把新进入运营商全部赶出市场。随着进入运营商数量的增加，长话市场的价格不断下降，总需求不断增加，数量竞争导致社会福利增加，证毕。

三、单向接入规制政策

综上所述，在位垄断运营商通过价格策略性行为实施纵向市场圈定，使得上游市场的垄断势力延伸到下游竞争市场，对电信竞争和社会福利产生重要影响；如何建立合理的单向接入规制政策，促进电信竞争成为政府规制机构讨论的核心。规制机构在对单向接入中的纵向市场圈定行为给予规制时，最重要的是应实现保护竞争过程而不是保护竞争者，由于纵向市场圈定与下游市场在位垄断运营商和新进入运营商的成本有关，接入规制政策的制定应根据成本差异选择合理的接入规制方法。

当新进入运营商具有成本优势时，规制机构可采取两种接入规制政策：一是采用有效成分接入定价法（efficient component pricing rule，ECPR）对接入价格进行规制。ECPR 要求在位垄断运营商所收取的接入费不得超过其在下游市场为独立竞争性运营商提供接入服务而损失的机会成本，这实际上将在位垄断运营商的下游附属部门和独立的竞争性运营商置于平等的地位，因而能够削弱在位垄断运营商实施价格挤压的激励。同时由于在 ECPR 下，只有生产效率高的运营商才能进行市场，因此，可防止低效率运营商的进入，降低整个产业的生产成本。二是规制机构在强制接入的前提下，接入价格可由市场决定。因为在 $c_2 < c_1$ 情况下，$\frac{da}{dn} = \frac{2(c_2 - c_1)}{(n+3)^2} < 0$，即随着新进入运营商数量的增加，接入价格也随着下降，这样，接入价格可随着下游市场竞争程度的提高而自动的下降，不需要规制机构给予干预。同时，下游市场的长话价格也下降（$\frac{dp^*}{dn} < 0$），市场总需求增加$\frac{dQ^*}{dn} > 0$，

整个社会的福利增加。

　　当在位垄断运营商的下游附属部门与新进入运营商的边际成本相等时，在位垄断运营商在单向接入中通过采取价格策略性行为能够实现纵向市场圈定，因此，规制机构必须对接入定价进行干预。接入定价规制要求规制机构必须获得必要的信息以计算接入价格，但由于成本信息的不完全，规制机构并不能分离在位垄断运营商在上游和下游的运营成本，在位垄断运营商通常向规制机构提供较高的边际成本信息，以便实施价格挤压，获取下游市场的超额利润。因此，如果规制机构只掌握垄断运营商部分成本以及垄断运营商削减成本所付出努力的信息时，可采取激励性接入定价规制政策，使在位垄断运营商以合理的接入价格向新进入运营商提供接入服务。例如，可采用 Ramesy 接入定价法进行定价。Ramesy 接入定价法的基本思想是：在利润非负的约束下，同时确定在位垄断运营商的下游最终产品价格和接入价格，使社会福利达到最大。由于 Ramsey 接入定价法给予在位垄断运营商一定的定价自主权，使在位垄断运营商可以在不同消费者和进入运营商之间进行价格水平和结构调整，因而向在位运营商提供了更强的激励，使其减少通过单向接入实施纵向市场圈定的激励。

　　当新进入运营商处于成本劣势时，即生产效率低于在位垄断运营商，规制机构是否让新运营商进入市场呢？ Economides 和 White(1995)认为，即使效率低于在位垄断运营商的新运营商进入市场后，也可能减少社会福利无谓损失的数量，同时抵消新进入运营商的低效率带来的总成本上升，进而增加了社会净福利。姜春海(2005)提出效率较低的新运营商进入可以带来另一潜在效应——引入了标尺竞争。当新运营商的进入导致标尺竞争效应足够大时，可以使规制机构的信息增加，从而对在位垄断运营商的规制更加科学有效，并抵消新运营商进入带来的生产成本增加，最终使社会净福利增加。因此，当新进入运营商的边际成本低于在位垄断运营商时，在电信业规制改革的初期，为培育市场竞争机制，促进有效竞争，规制机构可对两者实行不对称接入规制，给予新进入运营商一定的政策优惠，扶植其尽快成长。

　　在对单向接入进行直接规制的同时，还可以运用反垄断法进行间接规制。在接入规制的反垄断法运用上，对于在位垄断运营商的纵向价格挤压等行为，可以由反垄断法来加以干预。纵向价格挤压排斥了其他电信运营商加入竞争，这种行为会引起严重的限制竞争的结果，成为反垄断关注的重点。因此，通过反垄断法对单向接入进行间接规制，可大大减少垄断运营商的反竞争行为。同时可以预见，随着电信业的竞争性不断增强，反垄断法将对上述类似的反竞争行为发挥更大的作用。

第四节　基于非价格策略性行为的单向接入规制

在电信业的纵向一体化结构下，如果接入价格受到严格规制，如接入价格面临非常紧的上限约束，或者盈利的空间很小，那么在位垄断运营商就有很强的动机设法利用非价格策略性行为拒绝向新进入运营商提供接入服务，其目的在于将其在瓶颈部门没有利用的市场支配力传递到下游竞争性市场。

一、非价格策略性行为

在电信业的单向接入中，在位垄断运营商行使的非价格策略性行为主要有以下三种：①拒绝或者拖延提供接入服务。由于在位垄断运营商控制着瓶颈设施，新进入运营商必须接入该瓶颈设施才能提供服务，参与市场竞争，所以在位垄断运营商在面对新进入运营商的接入时有条件拒绝接入或拖延接入。例如，在位垄断运营商以较高的成本扩大网络容量或者为了满足竞争对手的接入需求改进现有的网络设施；拖延交换设备的更新，从而延误新进入运营商提供新服务，一直到在位垄断运营商也能够提供类似的服务为止。②降低接入质量。在位垄断运营商为了追求自身利益最大化就通过降低接入服务质量来排挤新进入运营商。例如，在位垄断运营商可能有意制造网络传输障碍，导致网络传输不畅；在位垄断运营商对互联网络不进行维护，在网络传输不畅的情况下，拖延解决故障的修复时间。③通过其他非价格手段增加新进入运营商的成本。例如，搭配销售或者拒绝松绑销售，迫使新进入运营商购买他并不需要的要素、功能设备；要求新进入运营商购买昂贵的界面设备；要求新进入运营商公开其经营计划或者商业信息等。

Economides(1998)认为非价格策略性行为具有排斥市场竞争的激励和后果。Sibley 和 Weisman(1998)认为非价格策略性行为并没有严重的反竞争的效应，其目的在于弱化下游市场的竞争程度，而非将竞争对手排挤出市场，实现市场圈定效果。王俊豪和程肖君(2007)以网络瓶颈为切入点分析了拥有网络瓶颈资源的主导性运营商的非价格策略性行为，并提出相应的以促进竞争为导向的接入规制政策。胡凯(2009)认为自然垄断产业引入竞争后，瓶颈垄断运营商的拒绝接入是一种典型的非价格策略性行为，将会导致自然垄断产业下游竞争性市场关闭和市场化改革倒退，因此需要以接入规制来促进竞争。

以上研究多数是在 Cournot(数量竞争)模型中得出的结论，本节在参考大量前人研究的基础上，通过构建一个 Stackelberg 数量竞争模型，分析纵向一体化结构的在位垄断运营商是否具有实施非价格策略性行为排斥市场竞争的激励问题，为电信业的单向接入规制和电信竞争问题提供政策建议。

二、博弈模型

(一)基本假定

假定一个纵向一体化的在位运营商垄断经营上游的本地电话网,同时在下游竞争性市场提供长途电话业务,下游市场新进入 $n-1$ 个长话运营商与其竞争。新进入运营商必需接入在位垄断运营商的本地电话网才能提供长话业务,假定提供一单位的长话恰好需要一单位的本地电话网的接入,令接入价格为 a 。在位垄断运营商在上游市场提供接入服务和在下游市场提供长话业务的边际成本分别为 c_0 、 c_1 , $n-1$ 个新进入运营商的边际成本相同,都为 c_2 ,并且 c_0 、 c_1 和 c_2 都是固定不变的常数,本部分不考虑固定成本[①]。在位垄断运营商和新进入运营商在下游市场提供长话业务的数量分别记为 q_1 和 q_k ,其中 $k=2,\cdots,n$ 。如果在位垄断运营商对新进入运营商的单向接入采取非价格策略性行为,将导致每个新进入运营商的单位运营成本增加 $r(r>0)$,因此, r 是新进入运营商面临的额外成本。由于纵向一体化垄断运营商是在位者,而新进入运营商是竞争性的新进入者,所以在下游市场的竞争中,二者并非具有相同的实力。因此,可假定在位垄断运营商为领导者,新进入运营商为追随者,下游市场的 n 个运营商进行Stackelberg 数量竞争,其中逆需求函数为 $p=\gamma-\beta Q$ (p 为长话价格, γ 、 β 为正的常数,且 $\gamma>c_0+c_1$, $Q=q_1+\sum_{k=2}^{n}q_k$)。

由于本部分考虑在位垄断运营商实施非价格策略性行为对电信竞争的影响,故假定在位垄断运营商对自己下游附属部门和新进入运营商提供接入服务时的接入价格相同,都为 a 。

因此,在位垄断运营商在上游市场的接入利润函数 π_1^u 和下游市场的长话利润函数 π_1^d 分别为

$$\pi_1^u=(a-c_0)(q_1+\sum_{k=2}^{n}q_k),\pi_1^d=[\gamma-\beta(q_1+\sum_{k=2}^{n}q_k)-(a+c_1)]q_1 \quad (4.8)$$

纵向一体化的在位垄断运营商的总利润函数为

$$\pi_1=\pi_1^u+\pi_1^d \quad (4.9)$$

新进入运营商 k 的利润函数 π_k 为

$$\pi_k=[\gamma-\beta(q_1+\sum_{k=2}^{n}q_k)-(a+c_2+r)]q_k \quad (4.10)$$

(二)模型分析

根据 Stackelberg 数量竞争,假定在位垄断运营商先决定自己的产量 q_1 ,新

---

① 因为假定固定成本为零,并不影响分析的结论。

进入运营商 k 观察到 q_1 后，由利润最大化可得它的反应函数为

$$q_k = \frac{\gamma - \beta q_1 - a - c_2 - r}{n\beta} \qquad (4.11)$$

把式(4.11)代入式（4.8）和式(4.9)，并由 $\frac{\mathrm{d}\pi_1}{\mathrm{d}q_1} = 0$ 求出在位垄断运营商的最优产出 q_1^* 为

$$q_1^* = \frac{\gamma + (n-1)c_2 + (n-1)r - nc_1 - c_0}{2\beta} \qquad (4.12)$$

然后分别求出均衡时的产量 q_k^*、总产量 Q^* 和价格 p^* 分别为

$$q_k^* = \frac{\gamma - (n+1)c_2 - (n+1)r + nc_1 + c_0 - 2a}{2n\beta} \qquad (4.13)$$

$$
\begin{aligned}
Q^* &= q_1^* + (n-1)q_k^* \\
&= \frac{(2n-1)\gamma - (n-1)c_2 - (n-1)r - nc_1 - c_0 - 2(n-1)a}{2n\beta}
\end{aligned}
$$

$$
\begin{aligned}
p^* &= \gamma - \beta Q^* \\
&= \frac{\gamma + (n-1)c_2 + (n-1)r + nc_1 + c_0 + 2(n-1)a}{2n}
\end{aligned}
$$

命题 4.3　在位垄断运营商行使非价格策略性行为阻碍了下游市场竞争，并且这种策略性动机越强，在位垄断运营商在下游市场的竞争优势越明显，对新进入运营商越不利。

证明：将 q_1^*、q_k^*、p^* 和 Q^* 分别对 r 求导，得

$$\frac{\mathrm{d}q_1^*}{\mathrm{d}r} = \frac{n-1}{2\beta} > 0, \frac{\mathrm{d}q_k^*}{\mathrm{d}r} = -\frac{n+1}{2n\beta} < 0, \frac{\mathrm{d}p^*}{\mathrm{d}r} = \frac{n-1}{2n} > 0, \frac{\mathrm{d}Q^*}{\mathrm{d}r} = -\frac{n-1}{2n\beta} < 0$$

$$\frac{\mathrm{d}\pi_k^*}{\mathrm{d}r} = \left(\frac{\mathrm{d}p^*}{\mathrm{d}r} - 1\right)q_k^* + (p - a - c_2 - r)\frac{\mathrm{d}q_k^*}{\mathrm{d}r}$$

由于 $\frac{\mathrm{d}p^*}{\mathrm{d}r} - 1 = -\frac{n+1}{2n} < 0$，$\frac{\mathrm{d}q_k^*}{\mathrm{d}r} < 0$，可得 $\frac{\mathrm{d}\pi_k^*}{\mathrm{d}r} < 0$；又由 $\frac{\mathrm{d}\pi_1^{\mathrm{d}*}}{\mathrm{d}r} = \frac{\mathrm{d}p^*}{\mathrm{d}r}q_1^* +$ $(p - a - c_1)\frac{\mathrm{d}q_1^*}{\mathrm{d}r}$，$\frac{\mathrm{d}p^*}{\mathrm{d}r} > 0$ 和 $\frac{\mathrm{d}q_1^*}{\mathrm{d}r} > 0$ 可知，$\frac{\mathrm{d}\pi_1^{\mathrm{d}*}}{\mathrm{d}r} > 0$。

非价格策略性行为增加了新进入运营商的运营成本，在使新进入运营商利润受损的同时，将下游市场的长话需求转移给在位垄断运营商，使在位垄断运营商下游的利润不断增加，因而造成下游市场的竞争受阻。若非价格策略性行为严重（r 很大）的话，新进入运营商甚至会被赶出下游市场。由于 $\frac{\mathrm{d}q_1^*}{\mathrm{d}r} = \frac{n-1}{2\beta} > 0$，$\frac{\mathrm{d}q_k^*}{\mathrm{d}r} = -\frac{n+1}{2n\beta} < 0$，所以在位垄断运营商的非价格策略性动机越强，在位垄断运营商在下游市场的竞争优势越明显，对新进入运营商越不利，证毕。

由于 $r>0$ 时，$\dfrac{\mathrm{d}Q^*}{\mathrm{d}r}<0$，$\dfrac{\mathrm{d}p^*}{\mathrm{d}r}>0$，即市场总需求量将随着新进入运营商额外成本的增加而下降，最终产品市场价格随着额外成本的增加而上升，从而损害消费者福利水平。

事实上，电信业的在位垄断运营商通过非价格策略性行为增加对手的成本、阻碍市场竞争早有先例，中国联通 1994 年进入市场后的遭遇就是实证。中国联通于 2001 年开通了 193 长途业务，但由于其没有自己的本地电话网，拥有本地电话网的原中国电信就对中国联通的 193 长途业务采取了降低接入服务质量等非价格策略性行为，导致中国联通的通话质量低于原中国电信。此外，中国联通的长途电话用户每次呼叫都要拨很多数字，高峰时段还常常连接不通，导致用户宁可放弃价格折扣而选择原中国电信的优质服务，从而导致中国联通的长途业务没能得到充分拓展，亦没有对原中国电信的长途业务构成竞争压力。

命题 4.4　不管在位垄断运营商的下游附属部门相对于新进入运营商处于成本优势还是成本劣势，它都具有实施非价格策略性行为排斥下游市场竞争的激励。

证明：在位垄断运营商是否具有采取非价格策略性行为排斥下游市场竞争的激励可由 $\dfrac{\mathrm{d}\pi_1^*}{\mathrm{d}r}$ 来判断。

$$\begin{aligned}\frac{\mathrm{d}\pi_1^*}{\mathrm{d}r}&=\frac{\mathrm{d}(\pi_1^{\mathrm{u}*}+\pi_1^{\mathrm{d}*})}{\mathrm{d}r}\\&=\frac{(n-1)\left[c_0+\gamma-2a+(n-1)c_2+(n-1)r-nc_1\right]}{2n\beta}\end{aligned}\quad(4.14)$$

由式(4.13)可知，若新进入运营商在下游市场提供长途业务，则有

$$q_k^*>0\Longleftrightarrow a<\frac{\gamma-(n+1)c_2-(n+1)r+nc_1+c_0}{2}\quad(4.15)$$

把式(4.15)代入式(4.14)，则有

$$\frac{\mathrm{d}\pi_1^*}{\mathrm{d}r}>\frac{n-1}{\beta}\left[r+(c_2-c_1)\right]\quad(4.16)$$

在式(4.16)中，当 $c_1\leqslant c_2$，即在位垄断运营商在下游市场的附属部门具有成本优势或者下游市场 n 个运营商的边际成本相同时，对于任何 $r>0$，都有 $\dfrac{\mathrm{d}\pi_1^*}{\mathrm{d}r}>0$。

令 $f(r)=\dfrac{n-1}{\beta}\left[r+(c_2-c_1)\right]$，则式(4.16)可表示为 $\dfrac{\mathrm{d}\pi_1^*}{\mathrm{d}r}>f(r)$，由于 $c_1\leqslant c_2$ 时，有 $f(r)>0$，所以有

$$\pi_1^*(r)-\pi_1^*(0)>\int_0^r f(r)\mathrm{d}r>0$$

即 $\pi_1^*(r)>\pi_1^*(0)$。

由上可知，当 $c_1 \leqslant c_2$ 时，在位垄断运营商采取非价格策略性行为可以增加其利润，故其具有很强的激励实施非价格策略性行为排斥下游市场竞争。当 $r = \dfrac{(n+1)c_2 + 2a - \gamma - nc_1 - c_0}{n+1}$ 时，则 $q_k = 0$，即新进入运营商全部被赶出下游市场。

当 $c_1 > c_2$ 时，表明在位垄断运营商的下游附属部门处于成本劣势，由于 $\int_0^{2(c_1-c_2)} f(r)\mathrm{d}r = 0$，当 $r > 2(c_1 - c_2) > 0$，$\int_0^r f(r)\mathrm{d}r = \int_0^{2(c_1-c_2)} f(r)\mathrm{d}r + \int_{2(c_1-c_2)}^r f(r)\mathrm{d}r$，所以有

$$\pi_1^*(r) - \pi_1^*(0) > \int_0^r f(r)\mathrm{d}r > 0 + \int_{2(c_1-c_2)}^r f(r)\mathrm{d}r > 0$$

即 $\pi_1^*(r) > \pi_1^*(0)$。

所以，当在位垄断运营商的下游附属部门处于成本劣势时，在位垄断运营商通过采取非价格策略性行为提高新进入运营商的成本达到某个水平 $[r > 2(c_1 - c_2)]$，其所获得的利润大于不采取此行为所得到的利润，故在位垄断运营商具有激励实施非价格策略性行为排斥下游市场的竞争，证毕。

因此，不管在位垄断运营商的下游附属部门相对于新进入运营商是处于成本优势还是处于成本劣势，在位垄断运营商都具有实施非价格策略性行为排斥下游市场竞争的激励。若非价格策略性行为程度严重，则新进入运营商将会被全部驱逐出下游市场，从而实现纵向市场圈定效果。

三、单向接入规制政策

综上所述，在电信业的单向接入中，拥有瓶颈设施的在位垄断运营商总有激励实施非价格策略性行为排斥下游市场的竞争。因此，如何制定合理的单向接入规制政策，促进电信竞争成为电信规制部门讨论的核心。

(一)采用 ECPR 进行接入定价规制

由于 ECPR 要求在位垄断运营商所收取的接入费不得超过其在下游市场的机会成本，从而保证了在位垄断运营商的利润呈中性，即新电信运营商的进入不影响在位垄断运营商的利润。因此，ECPR 消除了在位垄断运营商对新进入运营商的单向接入实施非价格策略性行为的激励，否则，在位垄断运营商可能采取降低接入质量等非价格手段破坏公平竞争的市场环境。在电信业的接入定价规制实践过程中 ECPR 得到了广泛应用。例如，美国加利福尼亚电信业的接入定价按 ECPR 得以实施；在新西兰的电信业，当在位运营商 Telecom 公司和新进入运营商 Clear 公司之间就接入价格问题发生法律纠纷时，新西兰最高法院和伦敦枢密院也采用了 ECPR 定价原则；而在英国电信业，从 1990～1997 年，OFTEL 所采取的接入定价政策也是基于 ECPR 制定的。

（二）实行强制性接入

接入规制是实现电信业有效接入的关键，而目前促使竞争性运营商接入在位垄断运营商瓶颈设施的主要途径也是政府的接入规制政策。这是因为，中国虽然在 2008 年出台了反垄断法，但对于垄断运营商的非价格策略性行为的反垄断政策缺乏足够的法律依据和支持。此外，如果单向接入情况由电信运营商之间进行谈判协商决定，由于在位垄断运营商拥有瓶颈设施处于主动地位，则最后达成的接入协议不利于其他竞争性运营商，难以实现电信网络的有效接入。因此，这就需要规制机构对单向接入问题进行强制性规制。

（三）制定合理的接入质量规制政策

如前所述，单向接入时，在位垄断运营商会降低接入质量，排挤新进入运营商，因此，规制机构应制定合理的接入质量规制政策。接入质量规制政策能够产生两方面的效果：一是能减少在位垄断运营商降低接入质量给竞争带来的破坏性影响；二是接入质量规制能够维护和增进消费者的利益，其主要原因在于，接入质量会对电信服务的质量产生延伸效应。我国目前的单向接入规制政策主要体现在接入质量的监测和考核上，然而，规制机构制定接入质量规制政策时还需要对下面两个方面予以重视。

1. 制定统一的技术标准和规范

电信业单向接入的技术规范对于网络的兼容和互通性十分重要。如果不同电信运营商间采用不同的技术标准，则会使得在位垄断运营商的质量歧视手段更加隐蔽。因此，制定统一的技术标准与规范，一方面可以降低网络设备成本，另一方面还能减少介入谈判的交易成本，从而有利于减少在位垄断运营商行使策略性行为的机会。在中国电信业，不同的电信运营商存在地域、网络类型、网络基础等多方面的差异，在单向接入的过程中统一技术标准和规范尤为重要。

2. 建立接入质量预警机制

接入质量预警机制的建立可以从以下 4 个方面入手：①构建接入质量预警指标体系。规制机构通过设定接入质量的标准，构建接入质量预警的综合指标体系，并通过与规定的质量水平进行比较，找出现实中的质量问题及成因，从而采取相应的对策进行处理。②建立接入质量的检测系统。一旦出现接入质量纠纷问题，则很难对接入质量的好坏进行调查取证，因此，建立接入质量检测系统，一方面可以检测电信网络接入质量情况，另一方面还有利于对接入质量纠纷进行调查取证。③制定接入质量上报和通告制度。根据接入质量的上报和通告制度，规制机构可以及时了解单向接入质量的变动情况。④建立申诉处理制度。由于信息不对称等原因，新进入运营商比规制机构更了解接入质量问题产生的原因，在其申诉中有证据证明在位垄断运营商在采取降低接入质量的行为，此时，规制机构可以加大对在位垄断运营商的处罚力度。

第五章 全业务运营环境下中国电信业的双向接入规制
——基于静态视角

单向接入一直是电信规制的焦点，但随着电信市场网络竞争格局的形成，双向接入问题因为影响电信业网络竞争的效率也开始倍受关注。双向接入最初是以国际电话和固话－移动两种形式存在，随着电信竞争真正形成基于网络的竞争时，双向接入的形式开始多样化（张昕竹，2000）。

目前，电信业的双向接入形式主要有以下几个方面：①国际长途接入。国际长途呼叫时，两呼叫国之间的电信网络需要双向接入。②固话－移动接入。当固话用户与移动用户相互呼叫时，固定电话网和移动电话网之间需要双向接入。③移动－移动接入。为满足移动与移动用户相互呼叫的要求，各移动网之间需要双向接入。④固话－固话接入。这是较晚出现的一种双向接入形式。

电信网络双向接入时，由于电信运营商提供电信业务时需要互相接入对方的瓶颈设施，因此，光靠市场竞争难以有效地解决双向接入问题。即使市场竞争程度很高，电信运营商都没有动力为其他运营商提供网络接入服务，以达到排斥市场竞争的目的。此外，非对等电信网络运营商进行双向接入的激励程度是不一样的。即使电信运营商的网络规模相同，如果规制机构不对双向接入进行规制，电信运营商之间会通过合谋制订过高的接入价格，损害消费者的利益。当网络接入双方拥有不对等地位时，处于优势的电信运营商会损害处于劣势运营商的利益，因此，对双向接入进行有效规制是解决电信网络互联互通问题的关键。

由于接入定价是双向接入问题的主要焦点，因此，本章首先对双向接入定价规制理论和 LRT 模型进行分析，然后分析对等和非对等网络竞争时的双向接入问题，指出对双向接入给予规制的必要性；并对网络竞争与双向接入规制进行定量研究，为规制机构制定双向接入规制政策提供建议。

第一节 双向接入规制理论

电信业双向接入时，接入定价是影响网络竞争的关键因素。自 Laffont、Rey 和 Tirole(1998a，1998b)建立了双向接入定价模型后[1]，经过 Carter 和 Wright

---

[1] 参见莫长炜. 2006. 电信产业的接入定价理论研究综述 [J]. 外国经济与管理，(06).

(1999，2003)、Cambini(2001)和 Desesin(2003)等人的拓展，双向接入规制理论日益成熟。

一、双向接入定价规制

对于电信网络双向接入时，是否需要对双向接入定价进行规制，理论界争论较大。就双向接入的规制体制而言，很多国家的双向接入定价是由电信运营商之间的谈判确定，然后呈报规制机构批准。少数国家则不同，在新西兰，自国有的垄断电信运营商于 1990 年被私有化后就没有设立电信规制机构，政府完全依赖于反托拉斯法对电信业实行规制。

在实践中，绝大多数国家对电信业双向接入定价进行规制，规制机构通常采用的双向接入定价规制方法主要有：挂账交易、基于成本规制和基于零售资费规制三大类。

(一)挂账交易的双向接入定价规制

挂账交易又被称为接入价格为零的双向接入定价规制方法，即接入双方在使用对方网络时，都无须支付接入费。挂账交易规制方法是建立在通话流量平衡的假定基础上的，即双向接入的两个电信网络各自的用户呼叫对方的用户的数量必须平衡。梁健雄、徐亮(2003)认为，使用挂账交易规制接入定价可降低电信运营商的运营和谈判成本。在 1996 年之前，美国 FCC 建议各州采取挂账交易规制接入定价以降低通信费率(拉丰 等，2001)；William(1995)认为当电信运营商之间的电话呼入和呼出流量对等时，可采用挂账交易规制接入价格，这样可以降低信息不对称情况下规制的难度。

然而挂账交易规制方法遭到一些经济学家的批评：①从本质上讲，挂账交易等价于接入费为零，也就是说，它只不过是基于成本规制方法的一个特例；②挂账交易规制方法不符合定价的基本原则；③即使两个网络之间电信流量是平衡的，考虑到各电信运营商的成本差异，接入价格也不应该为零。

(二)基于成本的双向接入定价规制

基于成本的接入定价在双向接入定价规制方法中占主流。越来越多的专家认为，双向接入定价规制的最佳方法应当以成本为基础。很多国家规定电信网络接入双方应"依据透明、非歧视、具有经济可行性的条款和以成本为基础的价格及时提供网间互联业务"(Intven，2000)。我国也明确规定网间结算费用应以成本为基础确定。在具体实践中，各国主要采用了完全成本分摊法(full distributable cost，FDC)和长期增量成本法(long run incremental cost，LRIC)两种定价模式，特别是后者成为电信业双向接入定价的主流。

　　但这种规制方法的缺点是操作复杂，电信规制机构不得不进行大量的成本计算，并对成本进行分解，同时还要求电信运营商在规制机构的监督下公布账务和分解成本；还需要建立激励机制，使电信运营商不断降低成本，而不是将成本直接转嫁给接入方。

（三）基于零售资费的双向接入定价规制

　　在很多发展中国家，由于缺乏电信网络双向接入时的接入成本数据，规制机构在制定接入价格时，往往难以采用基于成本的双向接入定价规制方法，而是采用一种简单易行的规制方法——基于零售资费的双向接入定价规制。这种接入定价法是以最终用户的零售资费为基础制定接入价格，有时直接在零售资费的基础上打一个折扣。

　　基于零售资费的接入定价规制方法的优点在于规制机构不需要获取接入成本数据，只要在零售资费的基础上确定一个合理的系数即可。但基于零售资费的接入规制也存在很多不足。例如，规制机构有时出于对电信业普遍服务状况的考虑，制定的零售资费低于成本，在基于零售资费的接入规制体系下，零售资费的扭曲就会影响到接入价格(李楠，2009)。由于接入价格不能正确反映成本，从而使得电信运营商缺乏提供双向接入的动力，同时，还会产生无效的市场进入(Weisman，2001)。

　　纵观世界各国电信改革实践，电信网络双向接入时，技术和操作方面不是主要障碍，双向接入的困难主要集中在接入费上。接入费问题是接入双方利益分配的焦点，接入价格每一分钱的变化反映到电信运营商的接入收入上就是数亿元的变化(许明峰，2000)。因此，双向接入定价对接入双方而言都具有直接的触动作用，对接入双方都具有激励作用的接入定价规制制度是推动电信网络双向接入工作正常开展的关键(李美娟，2012c)。要提高电信竞争效率，在放松进入规制的环境下，必须处理好双向接入定价问题。

二、LRT 模型

　　电信业双向接入规制理论模型的设定大都是以 Laffont、Rey 和 Tirole (1998a，1998b) 构建的模型(简称 LRT 模型)为基础展开的。然而，LRT 模型主要是建立在西方国家电信业改革政策上的，中国电信业改革的路径和特征与西方有所不同，因此，本书有关双向接入规制的研究主要是在 LRT 模型的基础上，结合中国电信业改革的实际和电信市场的特点，转换研究角度或者对模型的假设和变量进行改造，构建数理模型分析中国电信业双向接入定价规制与网络竞争问题。

　　LRT 模型假定在电信市场上存在两个只有水平差异的电信运营商，他们为争夺市场份额而展开竞争，每个电信运营商都拥有自己的电信网络，并且他们具有相同的成本。其中，总固定成本 $f \geqslant 0$；网络内部每一次通话的发起和终接的边际成本相等，均为 c_0；网间电话传输边际成本为 c_1。因此，一次完整的网间通话产生的成本为 $c = 2c_0 + c_1$，一次完整的网内通话产生的成本为 $2c_0$（图 5.1）。

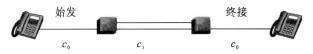

图 5.1　完成一次呼叫的成本结构示意图

两个电信运营商之间进行 Hotelling 价格竞争。消费者均匀地分布在区间 $[0，1]$ 上，并且两个电信运营商分别位于该区间的两端，即两个电信运营商分别记为运营商 1、运营商 2，各自的位置为 $x_1 = 0$，$x_2 = 1$。假定每个消费者加入任何一个电信运营商都能够获得足够大的效用，如可以拨打紧急求救电话等，因此消费者全部加入网络，但只能加入其中一个网络，并且通话长度由呼叫方决定。消费者决策的顺序是，先决定加入哪一个网络，然后根据该运营商的零售价格决定自己的通话长度。

当位于线性区间 x 处的消费者的收入为 y、通话量为 q 时，其加入电信运营商 i 后所获得的效用函数为

$$y + v_0 - t|x - x_i| + u(q)$$

式中，v_0 为消费者加入任何一个网络所得到的固定效用；t 为运输成本；$t|x - x_i|$ 为位于 x 的消费者连接到地址 x_i 的网络 i 后所产生的成本。为了简单起见，式中的可变效用函数 $u(q) = q^{1-(\frac{1}{\eta})} / \left(1 - \frac{1}{\eta}\right)$，由该函数可以得到一个弹性为常数的消费者需求函数：

$$u'(q) = p \Leftrightarrow q = p^{-\eta}, (\eta > 1)$$

在零售价格统一定价的情况下，消费者的可变净效用函数变为

$$v(p) = \max_q[u(q) - pq] = p^{-(\eta-1)/(\eta-1)}, v'(p) = -q$$

假定两个电信运营商向消费者收取的零售价格分别为 p_1、p_2。运营商的市场份额遵循 Hotelling 竞争模型结果，假定运营商 1 的市场份额为 α，由网络全覆盖和消费者全参与的假设可知，运营商 2 的市场份额为 $1 - \alpha$，则位于 $x = \alpha$ 的消费者对于加入两个电信运营商中的任何一个都是无差异时，可以得到：

$$v(p_1) - t\alpha = v(p_2) - t(1 - \alpha)$$

因此，可以得到运营商 1 的市场份额：

$$\alpha = \alpha(p_1, p_2) = \frac{1}{2} + \sigma[v(p_1) - v(p_2)]$$

其中，$\sigma = \frac{1}{2t}$，表示两个网络之间的替代性，并且

$$\frac{\partial \alpha}{\partial p_1} = -\sigma q_1, \frac{\partial \alpha}{\partial p_2} = -\sigma q_2$$

用 a 表示接入价格，在接入定价互惠原则下，LRT 模型得到结论 1 和结论 2。

结论 1：在 $\sigma > 0$ 和其他参数固定不变的情况下，对于接入边际成本 c_0 的接入价格，存在着一个对称均衡价格 $p_1 = p_2 = p^*$，并且

$$\frac{[p^* - (c + \frac{a - c_0}{2})]}{P^*} = \frac{1}{\eta}[1 - 2\sigma\pi(p^*)]$$

结论 2：①接入价格 a 是两个电信运营商的一种默契合谋工具，并且均衡价格 p^* 是接入价格 a 的增函数。②对称均衡价格 p^* 随着两个网络替代性 σ 的增强而下降，并且当 $\sigma \to \infty$ 时，均衡零售价格 p^* 收敛于 Ramsey 零售价格；当 $\sigma = 0$ 时，均衡零售价格 p^* 等于在成本基础上的垄断定价。因此，当接入价格 a 存在加成，将会导致双重加成产生。

在非互惠确定接入价格的情况下，两个电信运营商在确定接入价格时是非合作的。LRT 模型采用一个两阶段博弈来分析两个电信运营商，首先确定接入价格，然后再各自确定零售价格的情况。由此，得到结论 3。

结论 3：以 $\sigma = 0$ 为出发点，σ 的微量增加对均衡价格的影响是不确定的，即如果 $\pi_0 < (\eta - 1)f$（其中，π_0 表示每个运营商在 $\sigma = 0$ 时的均衡利润），则接入价格 a 随着网络替代性 σ 的增加而下降；如果 $\pi_0 \geq (\eta - 1)f$，则接入价格 a 随着网络替代性 σ 的增加而增加。但在这两种情况下，均衡零售价格 p 都随着网络替代性 σ 的增加而下降。

当电信运营商的零售价格实行非线性定价时，可得到结论 4。

结论 4：在非线性定价时，①电信运营商 i 向消费者收取的最优单位使用费应该等于其可测边际成本 $c + \alpha_j(a - c_0)$，而不是产业的边际成本 c；②电信运营商的最优固定入网费 F^* 等于网络增加一个消费者的净边际成本 $f - (a - c_0)q$ (p^*)，再加上 $\frac{1}{2}\sigma$；③电信运营商的对称均衡利润独立于接入价格，并且等于单位需求情况下所获得的利润：$\pi^* = \frac{1}{4\sigma}$。

因此，LRT 模型主要研究了接入定价在电信竞争中的作用。当电信运营商非合作地确定接入价格时，他们具有提高接入价格的激励，导致社会福利下降。如果接入价格由电信运营商谈判协商决定，则电信运营商有可能利用接入价格进行合谋，通过提高接入价格获得垄断利润。

第二节　对等网络竞争下的双向接入规制

Vogelsang(2003)根据市场结构的不同，将电信业的网络竞争分为对等网络竞争和非对等网络竞争。所谓对等网络是指竞争网络的接入双方具有相同的网络

规模，在地理区域具有相同的覆盖率，具有相同的需求以及成本结构；若网络规模、网络覆盖率和需求以及成本结构中任何一个不相同，则竞争网络是非对等的（李美娟，2012b）。通常，在竞争成熟期，网络接入的双方几乎具有同等地位，任何一方都不具有谈判优势，此时双方展开对等网络竞争；而在竞争初期，新进入运营商与在位运营商实力明显不对等，此时双方展开非对等网络竞争。

目前，中国电信业的三大运营商网络呈非对等结构（图 5.4～图 5.6），但在全业务运营环境下，中国电信业通过实施各项改革措施，未来一定会形成对等的网络竞争结构。因此，结合目前中国电信业三大运营商全业务运营的背景，本部分以 LRT 模型为分析框架，分析三个对等运营商网络竞争时的双向接入定价规制问题。例如，对等网络竞争时，规制机构是否需要对双向接入定价进行规制？如果需要规制，规制机构应如何制定合理的接入价格以使网络竞争效率达到最优？

需要指出的是，本章对双向接入规制与网络竞争问题的研究是在呼叫方付费原则[①]（caller pay principle，CPP）下进行的，并没有考虑接听方付费原则（receiver pay principle，RPP），其原因是目前中国的移动通信资费正由双向收费逐渐向单向收费过渡，并且规定移动通信新开的服务项目必须是单向收费，不能是双向收费。因此，呼叫方付费是一个应用非常广泛的资费确定原则，从经济学意义上讲，采用这种付费原则的好处在于，电话使用者可以避免为无聊的电话或者没有任何意义的电话付费。在呼叫方付费原则下，通话时间的长度是由呼叫方根据自身效用最大化来决定，呼叫方在决定通话时间的长度时并不考虑接听方的效用。

一、模型假定

假定电信市场有三个互联的电信运营商，他们为了获取更多的用户进行网络竞争。为了便于，先介绍两个定义：网内通话与异网通话。网内通话是指主叫与加入同一网络的被叫进行的通话；而异网通话是指主叫与属于其他网络的被叫进行的通话，对于异网通话而言，异网通话的发起方必须向异网通话的接受方支付接入费。所以，对双向接入的任一个电信运营商而言，都能获得两种收入：网内电话收入和异网电话的网络接入收入。

（一）条件假设

（1）网络对等，即三家电信运营商在全国范围内都具有全覆盖的电信网络，

---

① 国际上通行的通信付费模式有两种：一是呼叫方付费原则，又称为单向收费，即通信费由呼叫方支付，接听方不需支付通信费，该模式在欧洲和亚洲的大部分国家实行，如英国、韩国等；另一种是接听方付费原则，又称为双向收费，即呼叫方支付呼叫和中继费用，接听方支付中继和终接费用，该模式主要在美国、加拿大等北美国家实行。

且网络规模相等，具有相同的需求和成本结构。

（2）平衡呼叫模式，即每个电话网络中，异网通话的比例等于对方网络的消费者市场份额。显然，这是为了便于分析而作出的一个假设。

（3）接入定价互惠，即接入双方在确定接入价格时遵循互惠原则，每个电信运营商对来自于其他运营商的呼入电话收取的单位接入费用相等。

（4）无价格歧视，即电信运营商不能对网内电话和异网电话进行价格歧视。

（5）不加规制的零售市场，即在零售市场上，电信运营商可以自由地设定其希望向最终消费者收取的价格，规制机构对零售价格不做任何规制。引入此假设条件的原因是：①与我国电信业引入数网竞争的观点相一致；②在全业务运营环境下，电信业技术和服务种类变化太快，在现实中很难做到对电信业零售市场的最终价格进行规制。

（二）成本结构

任一呼叫的始发和终接边际成本为 c_0，边际中继成本（包括交换、中继线等）为 c_1，则一个网内呼叫的总边际成本为 $c = 2c_0 + c_1$。对于每一个用户，电信运营商还有一些固定成本，如建立、维持账户及发单收费等成本，记固定成本为 f。假定接入价格为 a，并采用互惠接入定价，则一个异网呼叫的可测边际成本（perceived marginal cost）为 $c_0 + c_1 + a = c + a - c_0$，如图 5.2 所示。

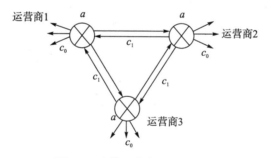

图 5.2　电信运营商的成本结构

（三）需求结构和市场份额

用 Salop 圆周模型分析电信运营商之间的网络竞争。假设消费者均匀地分布在一个周长为 1 的圆形城市，三个电信运营商均匀地分布在圆周上。运营商网络的差异程度由 t 表示，t 越大，差异程度越大，运营商垄断势力越强；反之，t 越小，差异程度越小，运营商市场势力越弱，价格竞争越激烈。假设消费者的效用函数是相同的，话务量为 q 时的效用为 $u(q)$。消费者均匀地分布在圆形城市，具有收入 y 且位于 x 的消费者加入网络 i 获得的效用为

$$y + v_0 - t|x - x_i| + u(q)$$

式中，x_i 为消费者与运营商 i 的距离；v_0 表示消费者加入电信运营商 i 获得的固定剩余(fixed surplus)，并且 v_0 足够大，使得全部消费者加入电信运营商 i；消费者总剩余(gross surplus) $u(q) = q^{1-(1/\eta)}/(1-1/\eta)$，其中，$\eta$ 为需求价格弹性，且 $\eta > 1$。令运营商 i 在零售市场上提供最终产品的终端价格为 p_i。由 $u'(q) = p$ 可得：$q = p^{-\eta}$。消费者的可变净剩余(variable net surplus)为

$$v(p) = \max_q \{u(q) - pq\} = \frac{p^{-(\eta-1)}}{\eta - 4}$$

三个运营商等距离地坐落在圆周上，如图 5.3 所示。

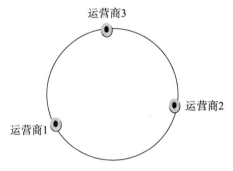

图 5.3　Salop 圆周模型

市场份额由 Salop 圆周模型决定。当位于运营商 i 和运营商 $i+1$ 之间，并同时与运营商 i 距离为 x_i 的消费者加入这两个网络无差异时，有

$$v(p_i) - tx_i = v(p_{i+1}) - t(\frac{1}{3} - x_i)$$

由此可得

$$x_i = \frac{1}{2t}v(p_i) - v(p_{i+1}) + \frac{1}{6}$$

令 $\sigma = \frac{1}{2t}$，则有

$$x_1 = \sigma[v(p_1) - v(p_2)] + \frac{1}{6}$$

$$x_2 = \sigma[v(p_2) - v(p_3)] + \frac{1}{6}$$

令运营商 1、运营商 2 和运营商 3 的市场份额分别为 α_1、α_2 和 α_3，则有

$$\alpha_1 = x_1 + x_3 = \sigma[2v(p_1) - v(p_2) - v(p_3)] + \frac{1}{3} \tag{5.1}$$

$$\alpha_2 = (\frac{1}{3} - x_1) + x_2 = \sigma[2v(p_2) - v(p_1) - v(p_3)] + \frac{1}{3} \tag{5.2}$$

$$\alpha_3 = 1 - \alpha_1 - \alpha_2 = \sigma[2v(p_3) - v(p_1) - v(p_2)] + \frac{1}{3} \tag{5.3}$$

由式(5.1)、式(5.2)和式(5.3)可得：

$$\frac{\partial \alpha_i}{\partial p_i} = 2\sigma q_i, \frac{\partial \alpha_i}{\partial p_j} = \sigma q_j \tag{5.4}$$

在本书后面各部分内容的研究中，都假定存在平衡的呼叫结构。根据平衡呼叫结构假设，意味着网络 i 终接于网络 j 的部分为 α_j，$\alpha_i q_i$ 为一次呼叫规模，则 $\alpha_j \alpha_i q_i$ 为始于网络 j 的异网呼叫总量。因此，$\alpha_j \alpha_i q_i a$ 为网络 i 向网络 j 支付的接入资费，同理 $\alpha_i \alpha_j q_j a$ 为网络 j 向网络 i 支付的接入资费。

（四）博弈顺序

首先确定双向接入价格，接入价格可由规制机构设定，也可由电信运营商协商决定。其次，电信运营商根据市场需求制定各自的零售价格 p_i。最后，给定零售价格，消费者作出入网决策，决定其消费量。

二、价格竞争

在电信市场，存在两种类型的零售价格竞争：一是以线性价格竞争；二是以非线性（如两部价格）竞争。本节研究这两种类型价格竞争时的双向接入价格规制问题。

（一）线性价格竞

电信运营商 i 的利润 π_i 为

$$\pi_i = \alpha_i [(p_i - c)q(p_i) - f]$$
$$+ \alpha_i \alpha_{i+1}[q(p_{i+1}) - q(p_i)](a - c_0) + \alpha_i \alpha_{i+2}[q(p_{i+2}) - q(p_i)](a - c_0) \tag{5.5}$$

其中，式(5.5)等号右边的第一项表示来自消费者呼叫的利润，第二项和第三项表示来自于与运营商 i 相邻的其他两个运营商的接入利润。

当电信运营商在零售市场非合作博弈时，由一阶条件可得

$$\frac{\partial \pi_i}{\partial p_i} = \frac{\partial \alpha_i}{\alpha p_i}[(p_i - c)q_i - f] + \alpha_i[(p_i - c)q_i' + q_i]$$
$$+ \left[\frac{\partial \alpha_i}{\partial p_i}\alpha_{i+1}(q_{i+1} - q_i) + \frac{\partial \alpha_{i+1}}{\partial p_i}\alpha_i(q_{i+1} - q_i) - \alpha_i \alpha_{i+1}q_i'\right](a - c_0)$$
$$+ \left[\frac{\partial \alpha_i}{\partial p_i}\alpha_{i+1}(q_{i+2} - q_i) + \frac{\partial \alpha_{i+2}}{\partial p_i}\alpha_i(q_{i+2} - q_i) - \alpha_i \alpha_{i+2}q_i'\right](a - c_0) \tag{5.6}$$

在对称均衡处[①]，$\alpha_i = \alpha_{i+1} = \alpha_{i+2} = \frac{1}{3}$，$p_i = p_{i+1} = p_{i+2} = p$，$q_i = q_{i+1} =$

---

① 对称均衡的存在性证明过程如同 Laffont、Rey 和 Tirole(1998a)的证明。

$q_{i+2} = q$，利用 $\dfrac{\partial \alpha_i}{\partial p_i} = -2\sigma q$，$\dfrac{\partial \alpha_i}{\partial p_j} = \sigma q_j$，式(5.6)可化为

$$-2\sigma[(p-c)q-f]q + \frac{1}{3}[(p-c)q'+q] - \frac{2}{9}(a-c_0)q' = 0$$

又因为 $q_i' = \dfrac{\eta q_i}{p_i}$，可求得均衡价格 p^* 为

$$p_1^* = p_2^* = p_3^* = p^* = \frac{[3c + 2(a-c_0)]\eta}{3[6\sigma\pi(p^*) + \eta - 1]} \tag{5.7}$$

其中，$\pi(p^*) = (p^*-c)q(p^*) - f$。

由式(5.7)中的均衡价格对接入价格求导，可得

$$\frac{\partial p^*}{\partial a} = \frac{2\eta}{18\sigma[\pi(p^*) + p^*\pi'(p^*)] + 3(\eta - 1)} > 0 \tag{5.8}$$

由式(5.8)，可得到结论5.1。

结论 5.1：对称均衡处，零售市场的均衡价格 p^* 是接入价格 a 的单调递增函数。因此，电信运营商具有通过接入价格的勾结实现最终零售价格合谋的动机。

由于提高接入价格将增加接入双方支付给对方的接入费，从而提高双方的边际成本，直接导致电信运营商提高自己的最终零售价格，故而电信运营商利用接入价格进行合谋，提高彼此成本效应来获得垄断利润（佟健，2005）。同时，在零售市场上电信运营商没有激励偏离合谋价格，因为在线性定价下，某一电信运营商若单方面降低最终零售价格，虽然会因用户的增加而增加零售市场的利润，但降价会导致该网络的用户拨打更多的异网电话而导致接入市场的亏损，这种亏损会抵消掉零售利润的增加。因此，在电信市场各电信运营商即使实现了全业务运营，竞争的产生也不是必然的，在一定的条件下，电信运营商会选择通过接入价格进行合谋，运营商之间的合谋行为将导致市场竞争的失败，使电信资费升高，消费者福利受损。

（二）非线性价格竞争

假定电信主运营商 i 采用两部制收费：$T(q) = F_i + p_i q$，其中 F_i 为每个消费者支付的固定费用，如月租费，p_i 为每一分钟的通话资费。此时，运营商 i 提供给消费者的净剩余为 $w_i = v(p_i) - F_i$，因此，运营商1、运营商2和运营商3的市场份额可转化为

$$\alpha_1 = \sigma(2w_1 - w_2 - w_3) + \frac{1}{3} \tag{5.9}$$

$$\alpha_2 = \sigma(2w_2 - w_1 - w_3) + \frac{1}{3} \tag{5.10}$$

$$\alpha_3 = \sigma(2w_3 - w_1 - w_2) + \frac{1}{3} \tag{5.11}$$

运营商 i 的利润 π_i 为

$$\pi_i = \alpha_i[(p_i - 2c_0)q(p_i) - f + F_i]$$
$$+ \alpha_i\alpha_{i+1}[q(p_{i+1}) - q(p_i)](a - c_0) + \alpha_i\alpha_{i+2}[q(p_{i+2}) - q(p_i)](a - c_0) \tag{5.12}$$

利用 F_i 与 w_i 之间的关系 $[F_i = v(p_i) - w_i]$，可将利润函数 π_i 表示为变量 (w_i, p_i) 的函数，即

$$\pi_i = \alpha_i[(p_i - 2c_0)q(p_i) - f + v(p_i) - w_i]$$
$$+ \alpha_i\alpha_{i+1}[q(p_{i+1}) - q(p_i)](a - c_0) + \alpha_i\alpha_{i+2}[q(p_{i+2}) - q(p_i)](a - c_0) \tag{5.13}$$

由式 (5.13) 中的 π_i 对 p_i 求一阶导数：

$$\frac{\partial \pi_i}{\partial p_i} = \alpha_i[q(p_i) + (p_i - 2c_0)q'(p_i)v'(p_i)]$$
$$- \alpha_i\alpha_{i+1}q'(p_i) - \alpha_i\alpha_{i+2}q'(p_i) = 0 \tag{5.14}$$

利用 $v'(p_i) = -q(p_i)$，由式 (5.14) 可得

$$p_i = 2c_0 + (1 - \alpha_i)(a - c_0) \tag{5.15}$$

在对称均衡处，$\alpha_i = \alpha_{i+2} = \dfrac{1}{3}$，式 (5.15) 变为

$$p_i^* = c + \frac{2}{3}(a - c_0) \tag{5.16}$$

从式 (5.16) 可看出，当 $a > c_0$ 时，接入价格越高，消费者面临的通话资费也越高；当 $a = c_0$ 时，消费者面临的通话资费等于呼叫的边际成本。

由式 (5.13) 中的 π_i 对 F_i 求一阶导数：

$$\frac{\partial \pi_i}{\partial w_i} = \frac{\partial \alpha_i}{\partial w_i}[(p_i - 2c_0) - f + v(p_i) - w_i] + \alpha_i$$
$$+ \frac{\partial \alpha_i}{\partial w_i}(\alpha_{i+1} - \alpha_i)[q(p_{i+1}) - q(p_i)] + \frac{\partial \alpha_i}{\partial w_i}(\alpha_{i+2} - \alpha_i)[q(p_{i+2}) - q(p_i)] \tag{5.17}$$

在对称均衡处，利用 $\alpha_i = \alpha_{i+1} = \alpha_{i+2} = \dfrac{1}{3}$ 和式 (5.16)，可得到

$$F_i^* = \frac{1}{6\sigma} - [(p_i - c)q(p_i) - f] \tag{5.18}$$

把式 (5.16) 和式 (5.18) 代入式 (5.13)，可得到对称均衡处运营商 i 的利润：

$$\pi_i^* = \frac{1}{18\sigma} \tag{5.19}$$

结论 5.2：在对称均衡处，均衡利润与接入价格无关，即利润呈中性，电信运营商没有激励利用接入价格进行合谋。

采用两部制价格时，电信运营商利润呈中性的主要原因是，如果提高接入价

格，则均衡时的通话资费 p 上升［在 $p_i = c + \dfrac{2}{3}(a - c_0)$ 中，p^* 与 a 同方向变动］，但电信运营商可以在不影响接入亏损的情况下，通过降低固定费 F 来扩大市场份额，从而使得电信运营商的均衡利润与接入价格无关。

三、双向接入规制

在全业务运营环境下，对电信网络双向接入给予规制将构成电信规制的重要内容。

（一）对合谋行为的规制

由上述博弈模型结论可知，当电信运营商在零售市场进行线性价格竞争时，如果规制机构按照边际成本制定接入价格（$a = c_0$），尽管电信运营商在接入市场能够实现收入和支出相等，但是他们仍然可以通过在接入价格上的勾结来达到最终零售价格上的合谋。因为根据相关法律，试图在零售价格上进行勾结在法律上是不允许的，而电信运营商却可以将接入价格作为实现合谋的策略手段，从而避开法律的制裁。

对等网络双向接入时，为了防止合谋行为的产生，规制机构应注意以下两个方面：

1. 加强对双向接入价格的规制

由式（5.8）可知，$t = 1/\sigma$ 越大，电信运营商越具有利用接入价格进行合谋的动机。而在全业务运营环境下，随着竞争的加剧，电信运营商通过技术创新，使得他们所提的供产品或服务的差异化程度不断加大，因此，在对等网络竞争下，电信运营商利用接入价格合谋的概率更高，规制机构应加强对双向接入定价的规制。当零售价格采用线性定价时，接入价格可实施互惠接入定价，这样可消除双重价格垄断现象，使电信服务价格降低、消费者福利增加。此外，在确定接入费用的过程中，应采用非捆绑原则，即不允许以捆绑的方式提供接入费用，从而消除变相抬高接入费用的行为。

2. 加强对需求弹性较大的产品和服务的监管

根据式（5.8），需求弹性 η 越大，电信运营商利用接入价格合谋的动机越强，因此，规制机构需加强对需求弹性较大产品和服务的监管，以防止电信运营合谋行为的产生。

（二）对双向接入定价的规制

当电信运营商在零售市场进行非线性价格竞争时，由于对称均衡时的利润与接入价格无关，如果接入价格大于接入成本，超出的部分相当于规制机构对电信运营商征收从量税，这一税收对电信运营商的利润没有影响，但扭曲了价格结构,造成社会福利损失。反之,如果接入价格等于接入成本,则电信运营商出于互联互通的自利动机会把通话资费设定在社会福利最大化水平,从而达到最优竞争效率。因此,当电信市场最终零售价格采用两部制定价时,规制机构可设定双向接入价格等于接入成本,即 $a = c_0$,此时电信运营商的通话资费恰好等于呼叫的边际成本,即 $p^* = c$,消费者剩余达到最大,同时电信运营商也得到最大利润 $\frac{1}{18\sigma}$。由此可见,以接入成本进行接入定价可使社会福利达到最优。

结论 5.3:最终零售价格采用两部制定价时,为提高网络竞争效率,达到社会福利最大化,电信网络双向接入时,应以接入价格等于接入成本的方法进行双向接入定价规制。

第三节　非对等网络竞争下的双向接入规制

为改变电信市场的失衡结构,以达到相对均衡的竞争格局,中国电信业2008 年进行了再一次重组,新的中国移动、中国电信、中国联通实行了全业务运营。然而,重组后的这几年来,中国电信市场并没有形成三家势均力敌的运营商,电信网络也没有达到对等结构(图5.4~图5.6)。

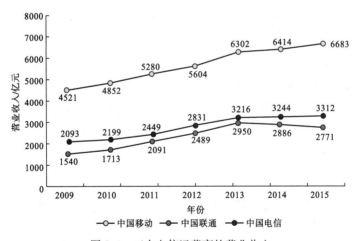

图 5.4　三大电信运营商的营业收入

资料来源:工业与信息化部官方网站,经课题组整理得到

从电信运营商的营业收入看,自 2009 年以来,中国移动比中国电信和中国联通两者之和还要多,并且差距逐年拉大(图5.4)。在整合 C 网后,中国电信的营业收入在三大运营商中继续排在第二位,中国电信与中国联通从 2009 年到2014 年的营业收入差距分别为 1939 亿、486 亿元、358 亿元、342 亿元、266 亿元、358 亿元和 541 亿元,由此可见两运营商的营业收入差距自 2009 ~ 2013 年一直在减少,但 2014 年以后差距在不断上升。

从净利润看，自 2009 年至 2015 年，中国移动的净利润分别是中国电信和中国联通之和的 4.8 倍、6.2 倍、6.1 倍、5.9 倍、4.4 倍、3.7 倍和 3.5 倍（图 5.5），表明中国移动的盈利能力远远大于其他运营商。但中国移动在 2013 年以后净利润出现下降，与 2012 年同期相比下降 5.9％，而中国联通和中国电信总体上保持增长态势，并且中国联通 2013 年涨幅达到 46.7％之多。

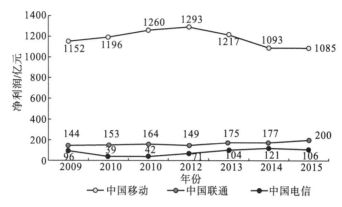

图 5.5　三大电信运营商的净利润

资料来源：工业与信息化部官方网站，经课题组整理得到

从移动用户的市场份额看，2009～2015 年，中国移动的市场份额一直在 60％以上，2009～2013 年不断下降，但 2014 年以后，市场份额呈现上升趋势；中国电信所占的市场份额很少，2012～2015 年基本上稳定在 15％左右，总体上呈现稳步上升趋势；中国联通的市场份额一直稳居在 20％左右（图 5.6）。2014 年中国电信业发放了 4G 牌照，使得中国移动的移动用户市场份额不断增加，其主要增加的是 4G 用户。2015 年，中国移动、中国联通和中国电信的 4G 用户如图 5.7 所示，中国联通和中国电信两者相加也不及中国移动的 4G 用户，差距明显。

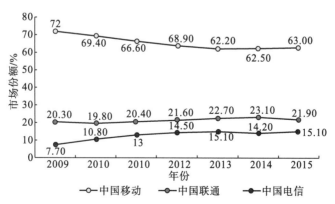

图 5.6　三大电信运营商移动用户的市场份额

资料来源：工业与信息化部官方网站，经课题组整理得到

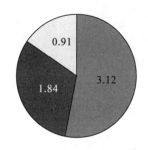

图 5.7 2015 年三大电信运营商的 4G 用户数（单位：亿户）

资料来源：工业与信息化部官方网站

由上述内容易看出，中国电信市场经过再次重组之后，中国移动一家独大的局面并没有改变，在营业收入、净利润和移动用户市场份额等方面仍占有绝对控制地位，中国电信市场失衡仍然比较严重，电信网络处于非对等地位。当非对等网络竞争时，如何通过接入定价规制来改变这种失衡状态，促进电信市场的有效竞争，是本节需要解决的重要问题。

一、模型假定

非对等网络竞争模型的假定与前面对等网络竞争下的假定有相同的地方，也假定电信运营商采用平衡呼叫模式，不能对网内电话和异网电话进行价格歧视，规制机构对零售市场最终产品或服务价格不做任何规制。不同之处是：对于网络非对等的假设，接入定价方法分两种情况进行分析。

(一)网络非对等性假设

中国移动占据整个电信市场绝对地位的一个重要原因是它的品牌优势，无论是全球通、神州行，还是动感地带，在各类消费群中都代表着高质量信号的品牌，吸引大量消费者长期使用。由此可见，由于品牌忠诚，三家电信运营商即使提供的电信产品和服务价格相同，各自获得的市场份额却并不相同。消费者对各电信运营商的品牌忠诚度不同，是导致各电信网络呈现非对等地位的一个重要原因。为便于分析模型，我们用消费者品牌忠诚度的不同来描述电信网络的非对等性。

(二)成本结构

由于中国电信和中国联通的移动用户数之和占整个电信市场移动用户总数的比例不到 40%，从而可以把中国电信和中国联通看成一个整体，与中国移动进行网络竞争。因此，本节主要研究电信市场的双寡头运营商在非对等网络竞争下的双向接入定价规制问题。假定电信市场存在两个运营商，并且它们的网络已实现了全覆盖。这里不考虑网络传输成本[①]，每个网络的始发和终接呼叫的边际成本都为 c_0，因此，一次呼叫的总边际成本为 $c = 2c_0$。每一个用户的固定成本为 f。加入到运营商 i 网络产生的效用为 $u(q_i) + \theta_i + v_0$，其中 θ_i 测度了加入运营商 i 网络的额外收益，v_0 表示加入到任一网络的固定剩余。假定消费者均匀分布在线性区间 $[0, 1]$ 上，运营商 1 和运营商 2 位于该线性区间的两端(图 5.8)。位于 x 处的消费者从运营商 1 和运营商 2 得到的附加利益分别为 $\theta_1 = \dfrac{1-x}{2\sigma} + \dfrac{\beta}{2}$

和 $\theta_2 = \dfrac{x}{2\sigma}$，参数 σ 度量网络间的相互替代性，参数 β 度量网络间的不对等程度。当 $\beta > 0$ 时，可把运营商 1 看做主导运营商，把运营商 2 看做弱势运营商，主导运营商由于其网络的品牌效应获得了一定的品牌忠诚度，从而相对于弱势运营商而言具有更大的市场份额。

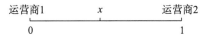

图 5.8　电信运营商在线性区间的位置

　　Carter 和 Wright(1999)、Desesin(2003) 和 Armstrong(2004) 等的研究都表明，当电信市场最终零售价格采用线性定价时，非对等网络接入双方会将接入价格作为合谋的工具，因此，本节主要借鉴 Carter 和 Wright (2003) 和 Peitz 的模型研究基于零售市场最终价格为非线性定价时非对等网络竞争时的双向接入定价规制问题。

二、网络竞争的博弈分析

(一)互惠接入定价

　　首先考虑规制机构对接入价格采取互惠接入定价规制。假定互惠接入价格为 a，电信运营商 i 在零售市场的最终价格采用两部制收费：$T(q) = F_i + p_i q$。消费者剩余 $v(p_i) = \max\limits_q \{u(q) - p_i q\}$，运营商 i 提供给消费者的净剩余 $w_i = v(p_i) - F_i$。位于 x 处的消费者在两个网络之间无差异时，满足：

$$w_1 + \frac{1-x}{2\sigma} + \frac{\beta}{2} = w_2 + \frac{x}{2\sigma}$$

　　因此，可得运营商 1 和运营商 2 的市场份额分别为

$$\alpha_1 = \frac{1}{2} + \frac{\beta}{2} + \sigma(w_1 - w_2) \tag{5.20}$$

$$\alpha_2 = \frac{1}{2} - \frac{\beta}{2} + \sigma(w_2 - w_1) \tag{5.21}$$

运营商 i 的利润函数为

$$\pi_i = \alpha_i[(p_i - c)q(p_i) + (F_i - f)] + \alpha_i\alpha_j(a - c_0)[q(p_j) - q(p_i)] \tag{5.22}$$

将利润函数 π_i 表示为变量 (w_i, p_i) 的函数：

$$\pi_i = \alpha_i[(p_i - c)q(p_i) + v(p_i) - w_i - f] + \alpha_i\alpha_j(a - c_0)[q(p_j) - q(p_i)] \tag{5.23}$$

由式(5.23)中的 π_i 对 p_i 求一阶导数，可得

$$\frac{\partial \pi_i}{\partial p_i} = \alpha_i[q(p_i) + (p_i - c)q'(p_i) + v'(p_i)] - \alpha_i\alpha_j(a - c_0)q'(p_i) = 0 \tag{5.24}$$

利用 $v'(p_i) = -q(p_i)$，由式(5.24)可得利润最大化的价格 p_i^*：

$$p_i^* = c + \alpha_j(a - c_0) \tag{5.25}$$

由式(5.23)中的 π_i 对 w_i 求一阶导数：

$$\frac{\partial \pi_i}{\partial w_i} = -\alpha_i + \sigma\{(p_i - c)q(p_i) + v(p_i) - w_i - f$$
$$+ (\alpha_j - \alpha_i)(a - c_0)[q(p_j) - q(p_i)]\} = 0 \tag{5.26}$$

根据式(5.26)和 $F_i = v(p_i) - w_i$，则有

$$F_i^* = f + \frac{\alpha_i}{\sigma} - (p_i^* - c)q(p_i^*) - (\alpha_i - \alpha_j)(a - c_0)[q(p_j^*) - q(p_i^*)] \tag{5.27}$$

把式(5.25)和式(5.27)代入式(5.23)，可得运营商 i 的均衡利润：

$$\pi_i^* = \frac{\alpha_i^2}{\sigma} - \alpha_i^2(a - c_0)[q(p_j^*) - q(p_i^*)] \tag{5.28}$$

当 $a = c_0$ 时，由式(5.25)、式(5.27)和式(5.28)可得

$$p_i = c \tag{5.29}$$

$$F_i = f + \frac{\alpha_i}{\sigma} \tag{5.30}$$

$$\pi_i = \frac{\alpha_i^2}{\sigma} \tag{5.31}$$

由式(5.29)、式(5.30)和式(5.31)可知：当以接入成本进行接入定价规制时，接入双方的每分钟通话资费相同，都等于呼叫的总边际成本，但拥有市场份额越大的运营商，它们的固定费用和均衡利润越大。并且，主导运营商1的市场份额 $\alpha_1 = \frac{1}{2} + \frac{\beta}{6}$，大于整个市场份额的二分之一。因此，若以接入成本进行接入定价，则会导致主导运营商的利润更高，网络规模更加不平衡，电信业市场结

构失衡现象更加严重。

由式(5.25)可得

$$p_i - p_j = -(\alpha_i - \alpha_j)(a - c_0) \tag{5.32}$$

用 sign 表示一个式子的符号，则式(5.13)表明：

$$\text{sign}(p_i - p_j) = -\text{sign}(\alpha_i - \alpha_j)(a - c_0)$$

所以有

$$\text{sign}[q(p_i) - q(p_j)] = \text{sign}(\alpha_i - \alpha_j)(a - c_0) \tag{5.33}$$

由式(5.33)可知，均衡利润函数中的式子 $\alpha_i^2(a - c_0)[q(p_j) - q(p_i)]$，对于主导运营商来说是正的，而对于弱势运营商来说是负的。因此，由式(5.28)可知，为了追求利润最大化，主导运营商倾向于选择 $a = c_0$，而弱势运营商倾向于选择 $a > c_0$。

结论 5.4：在非对等网络竞争情况下，当 $a = c_0$ 时，即以接入成本进行接入定价，电信运营商的网络更加不平衡，电信市场会出现严重的失衡现象。如果对接入价格不给予规制，主导运营商为了追求利润最大化，会倾向于选择 $a = c_0$，而弱势运营商则倾向于选择 $a > c_0$。

因此，非对等网络竞争时，如果规制机构不对接入价格进行规制，电信运营商为了各自的利益，具有偏离互惠接入定价的激励。

(二)非对称接入定价

下面分析非对称接入定价规制。非对称接入定价是指规制机构对主导运营商和弱势运营商在网络接入时采取差别化的、旨在扶植弱势运营商的接入定价规制方法。从前面的分析可知，如果对接入价格不给予规制，则主导运营商会选择 $a = c_0$，而弱势运营商会选择 $a > c_0$。因此，为减少电信业市场结构的失衡问题，当电信业处于非对等网络竞争时，规制机构可采取非对称接入定价方法进行接入规制，即接入主导运营商 1 的网络时，主导运营商收取的接入价格等于接入成本（即 $a_1 = c_0$），而接入弱势运营商 2 的网络时，弱势运营商收取的接入价格大于接入成本（即 $a_2 > c_0$）。

设电信运营商 i 的接入价格为 a_i，则它的利润函数可表示为

$$\pi_i = a_i[(p_i - c)q(p_i) + F_i - f] + \alpha_i\alpha_j[(a_i - c_0)q(p_j) - (a_j - c_0)q(p_i)] \tag{5.34}$$

利用 $F_i = v(p_i) - w_i$，把式(6.34)化为

$$\pi_i = a_i[(p_i - c)q(p_i) + v(p_i) - w_i - f] + \alpha_i\alpha_j[(a_i - c_0)q(p_j) - (a_j - c_0)q(p_i)] \tag{5.35}$$

式(5.35)的 π_i 对 p_i 求导，并利用 $v'(p_i) = -q(p_i)$，可得

$$p_i^* = c + \alpha_j(a_j - c_0) \tag{5.36}$$

从式(5.36)可看出，均衡时的通话资费等于电信运营商的可测边际成本(perceived marginal cost)。

把式(5.36)代入式(5.35)，利润函数可重新写为

$$\pi(p_j,w_i,w_j) = \left[\frac{1+\beta}{2}+\sigma(w_i-w_j)\right]\left(v_i\left\{c+\left[\frac{1+\beta}{2}+\sigma(w_i-w_j)\right](a_j-c_0)\right\}-w_i-f\right)$$
$$+\left[\frac{1+\beta}{2}+\sigma(w_i-w_j)\right]\left[\frac{1-\beta}{2}+\sigma(w_j-w_i)\right](a_i-c_0)q(p_j)$$

$$(5.37)$$

式(5.37)中的 π_i 对 w_i 求一阶导数，可得

$$\frac{\partial\pi(p_j,w_i,w_j)}{\partial w_i} = \sigma\left(v_i\left\{c+\left[\frac{1+\beta}{2}(a_i-c_0)q(p_j)+\sigma(w_j-w_i)\right](a_j-c_0)\right\}\right.$$
$$-w_i-f+\left[\frac{1+\beta}{2}+\sigma(w_j-w_i)\right](a_i-c_0)q(p_j)\right)$$
$$+\left[\frac{1+\beta}{2}+\sigma(w_i-w_j)\right](a_j-c_0)q\left\{+\left[\frac{1+\beta}{2}c\right.\right.$$
$$\left.\left.+\sigma(w_j-w_i)\right](a_j-c_0)\right\}-1-\sigma(a_i-c_0)q(p_j)\right) \quad (5.38)$$

当规制机构对双向接入采用非对称接入定价规制时，可得到以下命题：

命题5.1：当 $a_1=c_0$ 和 $a_2>c_0$ 时，在接入价格等于接入成本的邻域内，随着弱势运营商的接入价格的增加，消费者将获得更高的消费者剩余。

证明：当 $a_1=c_0$ 时，由式(5.36)可得 $p_2=c$，即弱势运营商的通话资费等于通话成本。把式(5.38)的 π_2 求一阶导数，则弱势运营商的边际利润函数(marginal profit)为

$$\frac{\partial\pi_2}{\partial w_2} = \sigma\left\{v_2(c)-w_2-f+\left[\frac{1+\beta}{2}+\sigma(w_1-w_2)\right](a_2-c_0)q(p_1)\right\}$$
$$+\left[\frac{1-\beta}{2}+\sigma(w_2-w_1)\right][-1-\sigma(a_2-c_0)q(p_1)] \quad (5.39)$$

同理，可求得

$$\frac{\partial^2\pi_2}{\partial w_2\partial w_1} = \sigma+2\sigma^2(a_2-c_0)q(p_1)>0 \quad (5.40)$$

式(5.40)表明：弱势运营商的反应函数向上倾斜。当 $\alpha_1>\alpha_2$ 时，有

$$\frac{\partial^2\pi_2}{\partial w_2\partial a_2} = \sigma(\alpha_1-\alpha_2)q(p_1)>0 \quad (5.41)$$

从式(5.41)可看出，当主导运营商 1 的市场份额大于弱势运营商 2 的市场份额时，弱势运营商 2 的接入价格增加可增加其边际利润，即接入价格 a_2 增加时，弱势运营商 2 的反应曲线向外移动。

下面分析主导运营商 1 的边际利润。π_1 对 w_1 求一阶导数可得

$$\frac{\partial \pi_1}{\partial w_1} = \sigma \left(v \left\{ c + \left[\frac{1+\beta}{2} + \sigma(w_2 - w_1) \right](a_2 - c_0) \right\} - w_1 - f \right)$$

$$+ \left[\frac{1+\beta}{2} + \sigma(w_2 - w_1) \right](a_2 - c_0)q(p_j) \left\{ + \left[\frac{1+\beta}{2}c \right. \right.$$

$$\left. \left. + \sigma(w_2 - w_1) \right](a_2 - c_0) \right\} - 1 \right) \tag{5.42}$$

然后，把式(5.42)对 w_2 求导：

$$\frac{\partial^2 \pi_1}{\partial w_1 \partial w_2} = \sigma - 2\sigma^2(a_2 - c_0)q(p_1^*) + \alpha_1 \sigma^2 (a_2 - c_0)^2 q'(p_1^*) \tag{5.43}$$

容易得到：

$$\left. \frac{\partial^2 \pi_1}{\partial w_1 \partial w_2} \right|_{a_2 = c_0} = \sigma > 0 \tag{5.44}$$

$\frac{\partial \pi_1}{\partial w_1}$ 对 a_2 求导，则有

$$\frac{\partial^2 \pi_1}{\partial w_1 \partial a_2} = (\alpha_1 - \alpha_2)\sigma q(p_1^*) + \alpha_1 \alpha_2 \sigma(a_2 - c_0)q'(p_1^*) \tag{5.45}$$

当 $\alpha_1 > \alpha_2$ 时，有

$$\left. \frac{\partial^2 \pi_1}{\partial w_1 \partial a_2} \right|_{a_2 = c_0} = \sigma(\alpha_1 - \alpha_2)q(p_1^*) > 0 \tag{5.46}$$

式(5.46)表明：当弱势运营商2的接入价格在接入成本的基础上增加时，主导运营商1的边际利润增加，因此，随着 a_2 的增加，主导运营商1的反应曲线向外移动。

综上所述，当弱势运营商2的接入价格 a_2 增加时，消费者能够获得更高的消费者净剩余，证毕。

命题5.2：当采用非对称接入定价规制时，弱势运营商的接入价格并不影响电信运营商均衡时的市场份额。

证明：令 $w = w_1 - w_2$，由 $\frac{\partial \pi_1}{\partial w_1} - \frac{\partial \pi_2}{\partial w_2} = 0$ 可得

$$g(w, a_2) = v_1 \left[c + (\frac{1-\beta}{2} - \sigma w)(a_2 - c_0) \right] - v_2(c) - 3w - \sigma\beta$$

$$+ \left(\frac{1-\beta}{2} - \sigma w \right)(a_2 - c_0)q \left[c + \left(\frac{1-\beta}{2} - \sigma w \right)(a_2 - c_0) \right] = 0 \tag{5.47}$$

由式(5.47)可以得到：

$$\frac{\partial g}{\partial w} = \sigma(a_2 - c_0)q(p_1^*) - 3 + \sigma(a_2 - c_0)q(p_1^*) - \sigma \left(\frac{1-\beta}{2} - \sigma w \right)(a_2 - c_0)2q'(p_1^*)$$

则有 $\left. \frac{\partial g}{\partial w} \right|_{a_2 = c_0} = -3$。

$$\frac{\partial g}{\partial a_2} = -\left(\frac{1-\beta}{2}-\sigma w\right)q(p_1^*) + \left(\frac{1-\beta}{2}-\sigma w\right)q(p_1^*)$$

$$+ \left(\frac{1-\beta}{2}-\sigma w\right)^2 (a_2-c_0)q'(p_1^*)$$

则有 $\left.\dfrac{\partial g}{\partial a_2}\right|_{a_2=c_0}=0$。

因此，可得到：

$$\left.\frac{\mathrm{d}w}{\mathrm{d}a_2}\right|_{a_2=c_0} = -\frac{\dfrac{\partial g}{\partial a_2}}{\dfrac{\partial g}{\partial w}} = 0 \tag{5.48}$$

由于 $\alpha_1 = \dfrac{1}{2}+\dfrac{\beta}{2}+\sigma(w_1-w_2)=\dfrac{1+\beta}{2}+\sigma w$ ，$\alpha_2 = \dfrac{1}{2}-\dfrac{\beta}{2}+\sigma(w_2-w_1)$

$=\dfrac{1-\beta}{2}-\sigma w$，所以有

$$\frac{\partial \alpha_1}{\partial a_2} = -\frac{\partial \alpha_2}{\partial a_2} = \sigma\frac{\mathrm{d}w}{\mathrm{d}a_2} = 0 \tag{5.49}$$

式(5.49)表明，弱势运营商 2 的接入价格对两个非对等运营商均衡时的市场份额没有任何影响，证毕。

命题 5.3：当采用非对称接入定价规制时，弱势运营商的接入价格的增加会给它带来更高的利润。

证明：若采用非对称接入定价，均衡时有

$$p_1 = c + \alpha_2(a_2-c_0), p_2 = c$$

令式(6.37)的 $\dfrac{\partial \pi_2}{\partial w_2}=0$，通过整理可得

$$w_2^*(a_2) = v_2(c)-f-\frac{\alpha_2^*(a_2)}{\sigma}$$

$$+ [\alpha_1^*(a_2)-\alpha_2^*(a_2)](a_2-c_0)q[c+\alpha_2^*(a_2)(a_2-c_0)] \tag{5.50}$$

由式(5.50)可得

$$\left.\frac{\mathrm{d}w_2}{\mathrm{d}a_2}\right|_{a_2=c_0} = (\alpha_1-\alpha_2)q(c) \tag{5.51}$$

均衡时运营商 2 的利润函数可表示为

$$\pi_2 = \alpha_2[v_2(c)-w_2-f]+\alpha_1\alpha_2(a_2-c_0)q(p_1) \tag{5.52}$$

式(5.52)对 a_2 求导，则有

$$\left.\frac{\mathrm{d}\pi_2}{\mathrm{d}a_2}\right|_{a_2=c_0} = -\alpha_2\left.\frac{\mathrm{d}w_2^*}{\mathrm{d}a_2}\right|_{a_2=c_0} + \alpha_1\alpha_2 q(c) \tag{5.53}$$

把式(5.51)代入式(5.53)，重新整理可得

$$\frac{\mathrm{d}\pi_2}{\mathrm{d}a_2}\bigg|_{a_2=c_0} = \alpha_2^2 q(c) > 0 \tag{5.54}$$

式(5.54)表明,弱势运营商 2 的接入价格在接入成本的基础上增加,可导致其利润增加。证毕。

当弱势运营商的接入价格增加时,一方面并不影响它自身的市场份额,另一方面还可以增加它在接入市场的接入利润,因此,实施非对称接入定价规制会增加弱势运营商的利润。

命题 5.4:在非对称接入定价规制情况下,随着弱势运营商的接入价格的增加,会导致社会总福利水平下降。

证明:在非对称接入定价情况下,均衡时的社会总福利水平 TS 为

$$TS = \alpha_1(F_1 - f) + \alpha_2(F_2 - f) + \alpha_1 w_1 + \alpha_2 w_2$$
$$= \alpha_1 v(p_1) + \alpha_2 v(c) - f \tag{5.55}$$

由式(5.55)对 a_2 求导,可得

$$\frac{\mathrm{d}TS}{\mathrm{d}a_2} = \frac{\mathrm{d}\alpha_1}{\mathrm{d}a_2} v(p_1) + \alpha_1 \frac{\partial v(p_1)}{\partial p_1}\frac{\mathrm{d}p_1}{\mathrm{d}a_2} + \frac{\mathrm{d}\alpha_2}{\mathrm{d}a_2} v(c)$$

因为 $\dfrac{\partial \alpha_1}{\partial a_2} = \dfrac{\partial \alpha_2}{\partial a_2} = 0$,$\dfrac{\partial v(p_1)}{\partial p_1} = -q(p_1)$ 和 $\dfrac{\mathrm{d}p_1}{\mathrm{d}a_2} = \alpha_2$,因此可得到:

$$\frac{\mathrm{d}TS}{\mathrm{d}a_2}\bigg|_{a_2=c_0} = -\alpha_1 \alpha_2 q(c) < 0 \tag{5.56}$$

证毕。

三、双向接入规制

(一)双向接入定价规制

由式(5.56)可看出:当弱势运营商市场份额较小时,其接入价格增加导致社会福利水平损失较少,但随着其市场份额不断提高,并与主导运营商平分整个市场时,如果继续采用非对称接入定价规制,将会导致电信市场出现新的失衡现象。因此,当电信网络呈对等地位时,规制机构应放弃非对称接入定价规制方法。

结论 5.5:当电信运营商的网络处于非对等地位时,为使社会福利最大化,规制机构应对接入价格采用非对称接入定价规制方法。一旦弱势运营商获得了竞争优势,非对称接入定价规制应被互惠接入定价规制所取代。

中国电信业在全业务运营初期,由于电信网络呈现非对等网络结构,规制机构可以采用非对称接入定价方法进行接入定价规制,即对于主导运营商收取的接入价格等于接入成本,而对于弱势运营商收取的接入价格大于接入成本。非对称规制政策虽然违背了公平竞争的原则,但通过在短期内扶植弱势运营商使其快速

成长，有利于培育电信市场长期竞争力量，变非对等竞争格局为有效竞争格局。然而，非对称规制政策只是一种过渡性的短期政策，规制机构应当关注电信市场竞争力量的变化，并根据实际情况，适时调整规制政策，实施动态规制。

目前，由于中国电信市场三大运营商的网络呈现明显的非对等地位，因此，电信网络双向接入时，应对接入价格采取非对称接入定价规制方法，以防止中国移动凭借其主导地位排挤和压制中国电信和中国联通，实现中国电信业的有效竞争。但随着中国电信和中国联通的竞争力量不断增强，与中国移动实力相当时，应放弃此非对称规制方法。其主要原因是，长期在不对称规制政策下，弱势运营商由于受优惠政策的保护没有动力降低成本，而主导运营商没有激励对电信网络进行投资，从而难以形成电信市场的有效竞争格局。因此，对于非对等网络双向接入时，首先应对接入价格采取非对称接入定价规制方法，一旦各电信运营商的网络呈现对等地位，规制机构应放弃此规制方法，并按照对等网络竞争时的接入定价方法进行接入规制。

（二）双向接入规制政策

非对等网络双向接入时，对于弱势运营商来说，由于双向接入所带来的收益是明显的，并且它在发展初期阶段，其网络覆盖率较低，这使它对主导运营商的依赖性较强，必须通过与主导运营商实现双向接入才能增加它的用户数，扩大其业务发展。而对于主导运营商而言，双向接入所带来的收益并没有弱势运营商大。此外，因双向接入它还要承担机会损失（即因与弱势运营商实现双向接入而导致其损失的市场份额与利润），双向接入所带来的收益不一定会大于由此而产生的机会损失。因此，非对等网络进行双向接入时，各电信运营商进行双向接入的激励是不相同的，通常弱势运营商实现双向接入的积极性大于主导运营商。

由于非对等网络进行双向接入时接入双方的激励不相同，如果规制机构不对双向接入进行干预，仅仅依靠接入双方的谈判很难达成有效的接入协议，也很难在接入双方之间实现公平的收益分配。虽然在规制机构的强力干预和法律强行强制下，接入双方的"个人参与约束"得以满足，但如果接入收入分配机制双方不认可，这种接入定价机制也将不能长期维持下去，即接入双方的"激励相容约束"不能满足，从而在双向接入时会出现人为降低接入质量、限制接入标准等策略性行为，进而导致双向接入名存实亡（姜春海，2009），不利于电信市场网络竞争效率的提高和有效竞争格局的形成。在中国电信市场，主导运营商抵制弱势运营商进行双向接入的一个比较有代表性的例子是原中国联通和原中国电信在天津的市话网的联网①。1997 年 7 月 18 日，中国联通在天津的市话网初步建成并实

① 参见 1998 年 4 月 16 日的《文汇报》。

行内部开通，但此后却迟迟不能与中国电信的市话网实现互联互通，原因是天津邮电部门以技术问题为由拒绝互联。

因此，非对等网络进行双向接入时，规制机构必须强制接入双方实现网间互联，规定双向接入是电信运营商的法定责任。同时，规制机构除对接入定价进行规制外，还应对接入质量和接入技术等方面进行相当程度的规制，以确保接入双方的互联互通，促进电信竞争效率的提高。由于双向接入涉及接入双方的切身利益，电信运营商在接入时，甚至在实现网络接入后仍可能存在利益冲突，会引发一系列争议。接入争议主要涉及接入条件、接入价格和接入质量等方面，因此双向接入争议的协调与处理也是双向接入规制政策的重要内容。

另外，在制定双向接入规制政策时，下面三个方面也十分重要（王俊豪 等，2007）：一是电信规制机构应具有独立性。独立的电信规制机构是电信网络实现双向接入的制度保障。如果规制机构缺乏独立性，将直接影响到接入争议协调与处理等方面的客观性和公平性。此外，还要明确规制机构的职能和权限，并且其职能和权限应当得到法律的明确授权，以保证规制机构的权威性。二是制定和完善有关电信网络双向接入的法律法规，以便规制机构面对相关问题时有法可依。三是建立有效的处理双向接入纠纷的争端解决机制。当出现接入纠纷时，可依靠争端解决机制处理相关问题，以提高双向接入规制效率。

第六章 全业务运营环境下中国电信业的双向接入定价规制
——基于动态视角

第五章对电信网络竞争下的双向接入规制问题的研究是在静态环境下进行的，本章则基于动态的视角研究双向接入定价规制问题，主要从 n 期网络竞争和网络投资两方面展开分析。

电信业显著的特征是网络外部性，以及在此基础上形成的正反馈和锁定效应。网络外部性主要通过网络的用户基础(installed base)这一变量发生作用，网络用户规模越大，用户能够获得的网络效用就越高，从而网络外部性就越强。消费者决定加入哪个网络时，经常根据用户基础的规模作出决策(李美娟，2012c)。网络的用户基础既包括已有的用户基础，也包括预期的用户基础，因为潜在消费者在决定应加入某一网络时，既要考虑该网络现有的用户人数的多少，也要考虑有多少消费者将会加入该网络。也就是说，新用户在做入网决策时，既要考虑其加入该网络目前能够获得的网络效用大小，还要考虑将来从网络增长中获得的网络外部性大小。

由于网络外部性的作用，电信运营商通过 n 期网络竞争，将会影响电信业的市场结构。特别是，电信网络进行双向接入时，如果接入价格设定不恰当，将会造成网络垄断化趋势。因为在网络竞争过程中，先实现临界容量[①]的网络很容易引起正反馈效应，网络规模越来越大；而没有实现临界容量的网络则步入负反馈循环，网络规模越来越少，直到消失，从而使电信市场表现出垄断化的市场结构。这种垄断化趋势被称为"赢家通吃"（winner-take-all）（夏皮罗 等2000），国内有的学者把这一特征概括为"马太效应"（乌家培，2000）。

此外，电信业的接入定价影响运营商对电信网络的投资，而本章前面部分的内容没有考虑接入定价对电信网络投资的作用，忽略了接入定价于运营商对电信网络进行再投资的激励。

本章首先分析 n 期网络竞争下的双向接入定价规制。在网络外部性的作用下，电信运营商通过 n 期竞争，将会对电信业的市场结构产生影响，规制机构应

[①] 临界容量是指市场结构既定时，市场均衡能够维持的最小网络规模（Economides 和 Himmelberg，1995）.

如何进行双向接入定价规制，以形成电信市场的有效竞争。然后分析双向接入定价对电信网络投资的作用，如何制定最优的双向接入价格，以激励电信运营商进行网络投资。

需要说明的是，本章主要分析对等网络竞争下的双向接入定价规制，并以双寡头运营商竞争为例，虽然中国电信业主要是三家运营商在竞争，但这种假定不影响三寡头市场结构下研究得到的结论。

第一节　n 期网络竞争下的双向接入定价规制

当前对电信网络竞争下的双向接入定价规制问题的研究大多是基于静态的视角进行的，Bijl 和 Peitz(2004)虽然从动态视角考察了 n 期电信网络竞争，但他们对于接入定价对市场结构的影响并没有给予关注。本节以 Laffont、Rey 和 Tirole 提出的 LRT 模型为基础，从单期竞争扩展到 n 期竞争，通过构建一个动态博弈模型，分析当存在 n 期竞争时，在网络外部性的作用下，接入定价对电信业的市场结构产生什么样的影响；规制机构应如何进行接入定价规制才能促进电信市场的有效竞争。

一、模型假定

(一)成本结构

假定存在两个电信运营商(即 $i=1$，2)，他们具有相同的成本结构，即服务一个消费者所产生的固定成本为 f，呼叫的始发和终接边际成本为 c_0，本节不考虑呼叫的传输成本，因此一个呼叫的总边际成本为 $2c_0$。假定接入价格为 a，其中 a 由规制者事先设定，即接入价格为外生变量。

(二)需求结构

我们用 Hotelling 竞争模型来刻画电信运营商网络之间的差异化程度，即电信运营商的网络在物质性能上是相同的，但由于空间位置不同从而使网络产生差异。假定两个电信运营商分别位于单位区间 $[0，1]$ 的两个端点，即运营商 1 在 $x_1=0$，运营商 2 在 $x_2=1$。消费者均匀分布在单位长度上，消费者加入电信运营商网络的旅行成本与离运营商的距离成比例，单位距离的成本为 τ，具有收入 y 且位于 x 的消费者加入网络 i 获得的效用为

$$y + v_0 - \tau|x - x_i| + u(q) + \delta N_i$$

其中，v_0 表示消费者加入网络 i 获得的固定剩余(fixed surplus)；$\tau|x - x_i|$ 表示位于 x 的消费者加入到 $x_i(i=1，2)$ 位置上的电信运营商网络所承担的成本；消

费者从消费数量为 q 的通话中得到的效用为 $u(q)$，且 $u(q)=q^{1-(1/\eta)}/(1-1/\eta)$，$\eta$ 为需求价格弹性且 $\eta>1$。电信运营商在零售市场可以自由地设定他们所提供的产品价格，并进行无歧视性地统一定价。假定运营商 i 在零售市场的产品价格为 p_i，由 $u'(q)=p$ 可得：$q=p^{-\eta}$。$v(p)$ 为消费者的净剩余(net surplus)，且

$$v(p) = \max_q\{u(q) - pq\} = \frac{p^{-(\eta-1)}}{\eta-1}$$

式中，δN_i 是消费者的网络效用(network externalities)，网络效用为该网络现存用户数量 N_i 的线性函数，表明一个网络中的用户越多，加入该网络获得的效用越高；δ 是反映网络外部性强度的参数，且 $\delta\in(0,1)$，即存在正的网络外部性。

(三)博弈顺序

首先，在零售市场上，新用户根据上期的产品价格和网络规模选择加入某一网络；其次，电信运营商通过最大化利润函数设定产品价格。

二、网络竞争的博弈分析

(一)零售市场的价格竞争

根据逆向归纳法，先求零售市场上的产品价格。为了便于分析，假定电信运营商最大化当期利润来决定当期价格。假定运营商 1 和运营商 2 在第 t 期的用户数分别为 N_1^t 和 N_2^t，总用户数 $N^t=N_1^t+N_2^t$，则运营商 i 在第 t 期的利润函数 π_i^t 为

$$\pi_i^t = (p_i^t - 2c_0)q(p_i^t)\frac{(N_i^t)^2}{N^t} + (p_i^t - c_0 - a)q(p_i^t)\frac{N_i^t N_j^t}{N^t}$$

$$+ (a - c_0)q(p_j)\frac{N_i^t N_j^t}{N^t} - N_i^t f \quad (i,j = 1,2) \tag{6.1}$$

在式(6.1)中，等号右边的前两项分别为网内通话与异网通话的利润，第三项为接入市场的利润。由利润最大化的一阶条件可得

$$\frac{\partial \pi_i^t}{\partial p_i^t} = \frac{(N_i^t)^2}{N^t}q(p_i^t) + \frac{(N_i^t)^2}{N^t}(p_i^t - 2c_0)q'(p_i^t)$$

$$+ \frac{N_i^t N_j^t}{N^t}q(p_i^t) + \frac{N_i^t N_j^t}{N^t}(p_i^t - c_0 - a)q'(p_i^t) = 0 \tag{6.2}$$

把 $N_i^t+N_j^t=N^t$ 和 $q'(p_i^t)=-\dfrac{\eta q(p_i^t)}{p_i^t}$ 代入(6.2)式，得到第 t 期均衡价格 p_i^{t*} 为

$$p_i^{t*} = \frac{\eta}{\eta-1}\left[a + c_0 - \frac{N_i^t}{N^t}(a - c_0)\right] \tag{6.3}$$

命题 6.1：若规制者以高于接入成本的方法进行接入定价，则网络规模越大

的电信运营商在零售市场设定的价格越低；反之，网络规模越小的电信运营商在零售市场的价格越高。

证明：在第 t 期，假定运营商 1 的网络规模大于运营商 2，即 $N_1^t > N_2^t$，则 $p_1^{t*} - p_2^{t*} = \dfrac{\eta}{\eta-1}\dfrac{N_2^t - N_1^t}{N^t}(a-c_0)$，当接入价格大于接入成本时 $(a > c_0)$，可得 $p_1^{t*} - p_2^{t*} < 0$，即 $p_1^{t*} < p_2^{t*}$。当 $N_1^t < N_2^t$ 时，同理可得 $p_1^{t*} > p_2^{t*}$，证毕。

命题 6.1 表明，当接入价格大于接入成本时，电信运营商在零售市场的价格是其市场份额的减函数。因为对于市场份额较大的运营商来说，如果降低其在零售价格，则会导致较多的新用户加入其网络，同时在网络外部性的作用下，在以后各期中，将会有更多的新用户愿意选择其网络加入。因此，该运营商的用户的呼叫量大幅度上升，虽然在接入市场上会出现接入赤字，但其在零售市场上的利润远远超过其在接入市场的亏损，从而获得盈利；而对于市场份额较小的运营商来说，其可以通过提高零售价格减少其电话呼出量，从而增加其在接入市场的利润，以弥补零售市场的弱势。

(二)新用户的入网选择

新用户在选择网络时不知道产品的当期价格，只能参考上一期价格作出入网决策。假定竞争初期的市场用户总数为 N^0，其中运营商 1 和运营商 2 的用户数分别为 n_1^0、n_2^0，并且 $n_1^0 > n_2^0$，即运营商 1 的初期网络规模大于运营商 2 的初期网络规模。从第一期开始有新用户进入市场，记第 i 期加入运营商 1 和运营商 2 两个网络的新用户数分别为 n_1^i、n_2^i（其中 $i = 1, 2, \cdots, t$），则在第 t 期，运营商 1 和运营商 2 的用户总数分别为 $N_1^t = \sum\limits_{i=0}^{t} n_1^i$ 和 $N_2^t = \sum\limits_{i=0}^{t} n_2^i$。进入市场的新用户均匀分布在区间 $[0, 1]$ 上，新用户进入市场的当期选定网络，以后不再转换网络。给定第 $t-1$ 期运营商 1 和运营商 2 的零售价格分别为 p_1^{t-1} 和 p_2^{t-1}，则在第 t 期，位于 $x = \alpha^t$ 处的新用户加入两个网络无差异时，有

$$v(p_1^{t-1}) - \tau\alpha^t + \delta N_1^{t-1} = v(p_2^{t-1}) - \tau(1-\alpha^t) + \delta N_2^{t-1}$$

则

$$\alpha^t = \frac{1}{2} + \frac{v(p_1^{t-1}) - v(p_2^{t-1}) + \delta(N_1^{t-1} - N_2^{t-1})}{2\tau} \qquad (6.4)$$

令 $\Delta N^t = N_1^t - N_2^t$，则式(6.4)可表示为

$$\alpha^t = \frac{1}{2} + \frac{v(p_1^{t-1}) - v(p_2^{t-1}) + \delta\Delta N^{t-1}}{2\tau}, \quad t \geq 1 \qquad (6.5)$$

在第 t 期，加入运营商 1 网络的新用户比例为 $\alpha_1^t = \alpha^t$，则加入运营商 2 网络的新用户比例 $\alpha_2^t = 1 - \alpha_1^t$。从式(6.5)可以看出，如果 $N_1^{t-1} > N_2^{t-1}$，即运营商 1 在第 $t-1$ 期拥有的用户数大于运营商 2 的用户数，则在第 t 期，外部性强度 δ 越

大，加入运营商 1 网络的新用户数就越多，也就是说在网络外部性的作用下，大规模运营商的市场份额得到大大增加。

命题 6.2：给定运营商 1 在竞争初期拥有一定的用户基数优势，并且在第一期新用户加入运营商 1 网络的比例大于其初始市场份额，若以高于接入成本的方法进行接入定价，则在以后各期，新用户加入运营商 1 网络的比例将高于 $\frac{1}{2}$，并且该比例会越来越大。

证明：用数学归纳法证明该命题。

由于 $\alpha_1^t = \frac{1}{2} + \frac{v(p_1^{t-1}) - v(p_2^{t-1}) + \delta\Delta N^{t-1}}{2\tau}$，故而有

$$\alpha_1^t - \alpha_1^{t-1} = \frac{[v(p_1^{t-1}) - v(p_2^{t-1})] - [v(p_1^{t-2}) - v(p_2^{t-2})] + \delta(\Delta N^{t-1} - \Delta N^{t-2})}{2\tau}, t \geqslant 2$$

$$(6.6)$$

在竞争初期，由于运营商 1 拥有一定的用户基数优势，即 $n_1^0 > n_2^0$，则由命题 6.1 可知，$p_1^0 < p_2^0$。由于 $v(p) = \frac{p^{-(\eta-1)}}{\eta-1}$，且 $\eta > 1$，故 $v(p)$ 是价格 p 的减函数，从而有 $v(p_1^0) > v(p_2^0)$。又因为 $\alpha_1^1 = \frac{1}{2} + \frac{v(p_1^0) - v(p_2^0) + \delta(n_1^0 - n_2^0)}{2\tau}$，所以 $\alpha_1^1 > \frac{1}{2}$，即在第一期，新用户加入运营商 1 网络的比例大于 $\frac{1}{2}$。

假定运营商 1 和运营商 2 在第 t 期的市场份额分别为 s_1^t、s_2^t，由该命题的假设条件(即新用户在第一期加入运营商 1 网络的比例大于其初始市场份额)可得：$\alpha_1^1 > s_1^0$，又因为 $n_1^0 > n_2^0$，故 $s_1^0 > \frac{1}{2}$，则有 $\alpha_1^1 > s_1^0 > \frac{1}{2}$，进而有 $\alpha_1^1 > s_1^1 > s_1^0$。当 $a > c_0$ 时，由式(6.3)可得到 $p_1^1 < p_1^0$。由于 $s_1^t + s_2^t = 1$，故有 $s_2^1 < s_2^0$，从而 $p_2^1 > p_2^0$，因此可得到：

$$p_1^1 < p_1^0 < p_2^0 < p_2^1$$

则有

$$v(p_1^1) - v(p_2^1) > v(p_1^0) - v(p_2^0) \qquad (6.7)$$

假定每一期用户按变动比例增长，该比例记为 r_t，则在第 t 期的用户总数 $N^t = \prod_{i=1}^{t}(1+r_i)N^0$，新增用户数为 $r_t N^{t-1}$，则

$$\Delta N^1 = N_1^1 - N_2^1 = [n_1^0 + \alpha_1^1 r_1 N^0] - [n_2^0 + (1-\alpha_1^1)r_1 N^0]$$
$$= (n_1^0 - n_2^0) + (2\alpha_1^1 - 1)r_1 N^0$$
$$= \Delta N^0 + (2\alpha_1^1 - 1)r_1 N^0$$

即 $\Delta N^1 - \Delta N^0 = (2\alpha_1^1 - 1)r_1 N^0$，因为 $\alpha_1^1 > \frac{1}{2}$，所以有

$$\Delta N^1 - \Delta N^0 > 0 \tag{6.8}$$

当 $t = 2$ 时，

$$\alpha_1^2 - \alpha_1^1 = \frac{[v(p_1^1) - v(p_2^1)] - [v(p_1^0) - v(p_2^0)] + \delta(\Delta N^1 - \Delta N^0)}{2\tau}$$

由式(6.7)和式(6.8)可得

$$\alpha_1^2 > \alpha_1^1$$

因此，可得 $\alpha_1^2 > \alpha_1^1 > s_1^1 > \frac{1}{2}$，表明在第 1 和第 2 期，新用户加入运营商 1 网络的比例都大于 $\frac{1}{2}$，并且第 2 期中的比例大于第 1 期中的比例，从而使得运营商 1 的市场份额不断会增加。

假设在第 t 期，不等式 $\alpha_1^t > \alpha_1^{t-1} > s_1^{t-1} > \frac{1}{2}$ 成立，下面证明在第 $t+1$ 中，不等式 $\alpha_1^{t+1} > \alpha_1^t > s_1^t > \frac{1}{2}$ 也成立。

因为 $\alpha_1^t > s_1^{t-1} > \frac{1}{2}$，故有 $\alpha_1^t > s_1^t > s_1^{t-1}$，$s_2^t < s_2^{t-1}$，当 $a > c_0$ 时，由式(6.3)可得：$p_1^t < p_1^{t-1}$，$p_2^t > p_2^{t-1}$。又因为 $s_1^{t-1} > \frac{1}{2}$，则有 $s_1^{t-1} > s_2^{t-1}$，由命题 6.1 有 $p_1^{t-1} < p_2^{t-1}$，从而可得到：$p_1^t < p_1^{t-1} < p_2^{t-1} < p_2^t$，所以有

$$v(p_1^t) - v(p_2^t) > v(p_1^{t-1}) - v(p_2^{t-1}) \tag{6.9}$$

$$\Delta N^t = N_1^t - N_2^t = [N_1^{t-1} + \alpha_1^t r_t N^{t-1}] - [N_2^{t-1} + (1 - \alpha_1^t) r_t N^{t-1}]$$
$$= \Delta N^{t-1} + (2\alpha^t - 1_1) r_t N^{t-1}$$

可得 $\Delta N^t - \Delta N^{t-1} = (2\alpha_1^t - 1) r_t N^{t-1}$，因为 $\alpha_1^t > \frac{1}{2}$，所以有

$$\Delta N^t - \Delta N^{t-1} > 0 \tag{6.10}$$

$$\alpha_1^{t+1} - \alpha_1^t = \frac{[v(p_1^t) - v(p_2^t)] - [v(p_1^{t-1}) - v(p_2^{t-1})] + \delta(\Delta N^t - \Delta N^{t-1})}{2\tau}$$

由式(6.9)和式(6.10)可得

$$\alpha_1^{t+1} > \alpha_1^t$$

因此，在第 $t+1$ 期有：$\alpha_1^{t+1} > \alpha_1^t > s_1^t > \frac{1}{2}$，证毕。

命题 6.2 表明，当规制机构以高于接入成本的方法进行接入定价时，如果某一运营商在竞争初期获得比竞争对手更大的用户基数时，则在网络外部性的作用下，通过 n 期竞争必将产生马太效应。也就是说，拥有先动优势的运营商在以后各期的竞争中，网络规模会越来越大，当规模达到一定程度后，如果规制机构不及时调整接入价格，网络规模小的运营商将几乎得不到用户，于是不得不退出市场，从而导致大运营商最终独占市场。由此可见，接入定价可以影响电信业的市

场结构，如果接入价格设定不恰当，在 n 期竞争后，电信市场的垄断化程度更高，市场结构更趋于失衡。

2014 年，中国电信业进入了 4G 时代，中国移动、中国联通和中国电信三大运营商总用户数所占的市场份额分别为 62.5%、23.1%、14.4%，中国移动净增用户数占全行业净增数的 68.0%（图 6.1），而 2013 年，中国移动总用户数的市场份额为 62.2%（图 6.2）。由此可见，在 4G 运行时代下，中国移动 2014 年新增用户的市场份额大于 2013 年的初始市场份额，满足命题 6.2 的条件，如果规制机构对于接入价格规制不合理，将会使得中国移动"一家独大"的局面愈演愈烈。

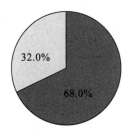

图 6.1　2014 年中国电信运营商净增用户
总数的市场份额

资料来源：工信部官方网站，经课题组整理得到

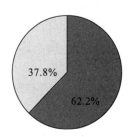

图 6.2　2013 年中国电信运营商用户总数
的市场份额

资料来源：工信部官方网站，经课题组整理得到

三、双向接入定价规制

由前面的分析可知，当考虑 n 期电信竞争时，如果接入价格大于接入成本，则在未来某个时期将导致网络规模较小的电信运营商退出市场，这样不利于电信业有效竞争的形成，因此，接入定价的合理规制对于规制机构来说尤为重要。

当接入价格等于接入成本（即 $a = c_0$）时，则由式（6.3）可知，在各个时期两个电信运营商在零售市场的价格始终相等，且等于 $\frac{\eta}{\eta-1}(a + c_0)$。此时，式（6.5）可转化为

$$\alpha_1^t = \frac{1}{2} + \frac{\delta \Delta N^{t-1}}{2\tau} \tag{6.11}$$

式（6.11）表明：新用户加入运营商 1 网络的比例主要取决于前一期两个网络的用户数的差额。由于运营商 1 的初始用户数大于运营商 2 的初始用户数，因此，在以后各期中，新用户加入运营商 1 网络的比例大于 $\frac{1}{2}$，从而使得运营商 1 的网络规模不断增加，而运营商 2 的网络规模不断减少，在未来某一时期，运营商 2 将得不到任何市场份额，被迫退出市场。因此，以接入成本进行接入定价，

不利于电信市场竞争格局的培育。

当接入价格小于接入成本（即 $a < c_0$）时，利用 $s_i^t = \dfrac{N_i^t}{N^t}$，把式（6.3）化为

$$p_i^{t*} = \frac{\eta}{\eta - 1}\left[a + c_0 - s_i^t(a - c_0)\right] \tag{6.12}$$

则由式（6.12）可得 $\dfrac{\mathrm{d}p_i^{t*}}{\mathrm{d}s_i^t} = -(a - c_0)$，当 $a < c_0$ 时，有 $\dfrac{\mathrm{d}p_i^{t*}}{\mathrm{d}s_i^t} > 0$，即第 t 期运营商 i 的价格是当期市场份额的递增函数，市场份额越大，其价格越高；市场份额越小，其价格越低。在竞争初期，由于 $n_1^0 > n_2^0$，根据式（6.5）和式（6.12），我们可以得到：通过多期竞争，最后在第 i 期，将得到 $p_1^i = p_2^i$，$s_1^i = s_2^i$。也就是说，通过多期竞争后，两个不对称网络竞争最后转化为对称网络竞争，运营商的网络规模在某个时期达到平衡。因此，接入价格低于接入成本，可以提高电信竞争效率。

下面从消费者支付的平均价格与电信运营商合谋时的垄断价格的关系来分析各种接入定价对消费者福利的影响。在第 t 期，消费者支付的平均价格 $\bar{p}^t$ 为

$$\bar{p}^t = s_1^t p_1^t + s_2^t p_2^t \tag{6.13}$$

把式（6.12）代入式（6.13），再利用 $s_1^t + s_2^t = 1$，则式（6.13）可重新整理为

$$\bar{p}^t = \frac{2\eta}{\eta - 1}\left[c_0 + s_1^t s_2^t(a - c_0)\right] \tag{6.14}$$

由式（6.14）可知，当 $a > c_0$ 时，$\bar{p}^t > \dfrac{2\eta c_0}{\eta - 1}$；当 $a = c_0$ 时，$\bar{p}^t = \dfrac{2\eta c_0}{\eta - 1}$；当 $a < c_0$ 时，$\bar{p}^t < \dfrac{2\eta c_0}{\eta - 1}$。由于电信运营商合谋时的垄断价格为 $\dfrac{2\eta c_0}{\eta - 1}$，故有下列结论：当接入价格大于接入成本时，消费者平均支付价格高于垄断价格；当接入价格等于接入成本时，消费者平均支付价格等于垄断价格；只有当接入价格小于接入成本时，消费者平均支付价格才能低于垄断价格。因此，以低于接入成本的方法进行接入定价，有利于消费者福利的提高。

综上所述，当 $a < c_0$ 时，不仅有利于电信竞争效率的提高，而且可以改善消费者福利，因此，在存在 n 期电信竞争的情况下，规制机构应以低于接入成本的方法进行接入定价。当电信运营商的通话流量平衡时，由于测算接入成本通常需要很多的信息，而电信运营商和规制机构之间通常存在信息不对称问题，因此，为了减少会计和交易成本，以及在实践中更便于操作，规制机构可采取免接入费的方法（即挂账交易）对接入价格进行规制。事实上，免接入费制度确实有一定的可行性。Carter 和 Wright（1999）认为最优的接入定价需要全面的信息，这会存在信息非对称和规制俘虏问题，因此，可选择次优的"挂账交易"规制方法，以提高社会福利水平。Gans 和 King（2001）研究也得出，地位对等网络应选择免接

入费作为最优接入定价的结论。

第二节　促进网络投资的双向接入定价规制

电信业作为一个网络型产业，电信网络在电信竞争中起着重要作用。网络质量水平是衡量电信运营商是否具有竞争力的重要标志。网络性能好、覆盖率大的电信运营商能够获得更多的收益和更大的市场份额，同时占据优质客户资源。例如，在我国 2G 时代，中国移动依靠完善的网络覆盖率，拥有移动通讯市场的绝大多数用户，网络规模不断扩张。然而中国联通由于网络覆盖不足，只能在低端市场抢占一部分用户，同时长期背负网络信号差的声誉。因此，中国电信业需要对电信网络进行大量投资，以提高电信运营商的网络覆盖率和竞争能力。

中国电信业自全业务运营以来，对电信网络基础设施进行了大量投资。如图 6.3 所示，移动通信基站数由 2010 年的 139 万个增加到 2015 年的 466.8 万个，2015 年的净增数是 2010 年的 3.36 倍；3G/4G 基站数自 2010 年至 2015 年也一直呈递增趋势，2015 年 4G 基站新增 92.2 万个，总数达到 177.1 万个。

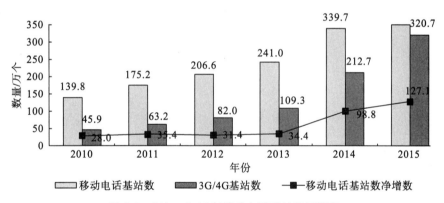

图 6.3　2010～2015 年移动电话基站发展情况

数据来源：《2015 年通信运营业统计公报》

全国光缆线总长度由 2010 年的 996 万 km 增加到 2015 年的 2487.3 万 km，2015 年的净增数是 2010 年的 2.50 倍。同比增速由 2010 年的 20.1％上升到 2012 年的 22.1％，但 2013 年下降，到 2014 年又开始上升，2015 年同比增长 21.6％，比 2014 年同期提高 4.4％（图 6.4）。

如表 6.1 所示，中国电信业固定资产投资总额一直在不断地增加，由 1999 年的 1605 亿元增加到 2015 年的 4539 亿元，但其占全社会固定资产投资额的比重总体上逐年呈现下降趋势。特别是全业务运营以来，2008～2012 年，电信业固定资产投资额占全社会固定资产投资额的比重低于 2％，2012 年以后，其比重一直低于 1％，2015 年的比重比 1999 年下降 4.57％。

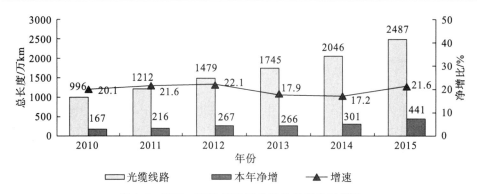

图 6.4　2010～2015 年光缆线路总长度发展情况

数据来源：《2015 年通信运营业统计公报》

表 6.1　我国电信业固定资产投资额

年份	固定资产投资额/亿元	占全社会固定资产投资额比重/%
1999	1605	5.38
2000	2224	6.76
2001	2553	6.86
2002	2073	4.77
2003	2218	3.99
2004	2199	3.12
2005	20978	2.36
2006	2214	2.01
2007	2370	1.73
2008	3068	1.78
2009	3773	1.68
2010	3021	1.09
2011	3331	1.07
2012	3614	0.9
2013	3755	0.83
2014	3993	0.78
2015	4539	0.81

数据来源：《1999 年－2015 年全国电信业统计公报》

综上所述，中国电信业自全业务运营以来，不管是移动通信基站数量和光缆线长度，还是总的固定资产投资额，都呈现递增的趋势，但相对于日益增加的全社会固定资产投资额来说，全业务运营环境下电信业的网络投资总额还是相对不足。如何提升中国电信业的网络投资水平也是本书需要解决的重要问题。

电信运营商的网络投资水平影响其用户的通话量，其中包括异网通话量（off-net calls）。对于异网通话，通话发起方必须向通话接受方支付接入费，因此，接入定价直接影响到电信运营商网络投资水平的高低。利用接入定价促进电信运营商进行网络投资，保证电信企业持续创新的能力，对于中国电信业来说，具有重要的现实意义。

双向接入定价对网络投资的影响在最近十多年才引起学者们的注意。Laffon和 Tirole(1994)指出了接入定价对网络投资的激励问题，但仅是浅层讨论，没有做更深入的研究。Gans 和 King(2001)研究得出，当政府对接入价格不给予规制时，电信运营商的基础设施投资会被延迟；但接入价格采用两部定价规制时，基础设施投资能达到社会最优化。Valletti(2003)和 Baake 等(2005)认为基于成本的接入定价规制会减少在位运营商的网络投资水平。其原因是电信网络投资存在很大的不确定性，若以成本进行接入定价，在位运营商将承受很大的投资风险，而新进入者在接入在位运营商的网络时享受无风险选择。Jorde 和 Thomas 等(2000)认为若以成本进行接入定价规制，则接入费不能补偿网络投资成本，从而降低电信运营商网络投资的激励。Valletti 和 Cambini(2005)研究发现，若电信运营商协商把接入价格提高到接入成本之上，则会出现网络投资不足的情况。Klumpp 和 Xuejuan Su(2008)研究了纵向一体化市场结构下电信业接入定价和网络投资的关系。研究得出，当接入价格的设定遵从利润中性法则时，上游运营商的网络投资会超过垄断水平，下游运营商的竞争也会加剧。Chang、Koski 和 Majumdar(2003)研究发现，在美国，低接入价格能促进电信运营商进行网络投资；而在欧盟，高接入价格有助于运营商网络基础设施的建设。Grajek 和 Roller(2012)研究发现基于成本的接入定价损害了电信运营商进行网络投资的激励。

综上所述，国外学者对电信业网络投资与双向接入定价规制问题的研究取得了颇为可观的成果，正处于方兴未艾的状态。然而，电信业的双向接入定价与各国电信规制政策紧密相关，现有文献主要结合西方各电信改革较早国家的接入规则分析网络投资与双向接入定价规制问题(李美娟，2012)，而中国电信市场接入资费与其他国家相比有其特殊性，因此，结合中国电信业接入资费特征分析网络投资与双向接入定价规制问题，对中国电信业改革具有重要意义。

一、模型假定

Jeon 和 Hurkens(2007)提出了线性接入定价规则，即电信运营商 i 支付给运营商 j 的接入价格 a_i 满足：$a_i - c_0 = \kappa_1 p_i + \kappa_2 p_j + \kappa_3 c + \kappa_4$，$i \neq j$，其中，$c_0$ 为接入成本，p_i、p_j 为运营商 i 和 j 的零售价格，c 为一个电话呼叫的总成本，κ_i（$i = 1, 2, 3, 4$）为接入定价系数。容易看出，接入价格为零售市场最终产品价

格的线性函数。基于成本的接入定价($a_i = c_0$)、有效成分接入定价(ECPR，$a_i - c_0 = p_j - c$)、广义有效成分接入定价(GECPR，$a_i - c_0 = p_i - c$)和挂账交易(bill and keep，$a_i = 0$)都是线性接入定价规则的特例。

本节结合中国电信业接入资费以零售资费为基础的特征，在 Valletti 和 Cambini(2005)文献的基础上进行扩展，将原文献假定接入价格是给定的常数扩展到接入价格遵循 Jeon 和 Hurken 提出的线性接入定价规则，利用一个两阶段博弈模型研究电信市场以激励电信运营商进行网络投资的最优接入定价规制方法。

(一)成本结构

假定电信市场存在运营商 1 和运营商 2，两者的成本结构相同。服务一个用户所产生的固定成本为 f，任一呼叫的始发和终接边际成本均为 c_0，这里也不考虑中继传输成本，因此，一个呼叫的总边际成本 $c = 2c_0$。每个电信运营商提供网络质量为 θ 的服务需要投入一笔投资费用 $I(\theta)$，假定 $I(\theta) = \beta\theta^2$，其中 $\beta \geqslant 0$。

(二)需求结构

假定电信运营商分别位于单位区间 $[0，1]$ 的两个端点，记运营商 1 位于区间的始端，运营商 2 位于区间的终端。电信运营商在零售市场上采取两部制收费：$T(q) = F_i + p_i q$，其中 F_i 为入网消费者支付的固定费用，p_i 为每分钟的通话资费。消费者均匀地分布在单位区间上，具有收入 y 且位于 x 的消费者加入网络 i 获得的效用为

$$y + v_0 - \frac{1}{2\sigma}|x - x_i| + v_i(p_i) - F_i$$

其中，σ 为网络的替代性；v_0 为消费者加入网络 i 获得的固定剩余；$v(p)$ 为消费者的可变净剩余，且 $v(p) = \max\limits_{q}\{u(q) - pq\}$，其中 $u(q)$ 为消费者的可变总剩余，有 $v'(p) = -q$。

变量 $\theta_i(\theta_i \geqslant f > 0)$ 度量网络质量，其中 θ_i 是规制机构规定电信运营商必须提供的最低网络质量。电信运营商 i 通过基础设施投资可以提高网络质量 θ_i，进而提高电话呼叫的数量和消费者的效用。本部分只考虑电信运营商对同网和异网呼叫服务提供相同的质量[①]，并假定网络质量通过乘数的形式影响到消费者的电话需求量和净剩余，即：$q_i(p) = \theta_i q(p)$，$v_i(p) = \theta_i v(p)$。

令消费者的净剩余 $w_i = v_i(p_i) - F_i = \theta_i v(p_i) - F_i$，$\alpha_i$ 为电信运营商 i 的市场份额，且 $\alpha_1 + \alpha_2 = 1$。当位于 $x = \alpha_1$ 的消费者加入两个网络无差异时，即

$$w_1 - \frac{1}{2\sigma}\alpha_1 = w_2 - \frac{1}{2\sigma}(1 - \alpha_1) \tag{6.15}$$

---

① Valletti 和 Cambini(2005)讨论了异网呼叫的质量取决于两个网络的最低质量时的网络投资问题。

因此，电信运营商 i 的市场份额 α_i 为

$$\alpha_i = \frac{1}{2} + \sigma(w_i - w_j) \tag{6.16}$$

（三）接入定价规则

当电信零售市场采取两部收费制时，电信运营商 i 支付给运营商 j 的接入价格 a_i 不再是其每分钟通话资费 p_i 的线性函数，可以把接入价格 a_i 设定为运营商 i 零售市场平均价格的线性函数，即

$$a_i = c_0 + \kappa \left[\frac{F_i + p_i(\theta_i q(p_i))}{\theta_i q(p_i)} - c \right] \tag{6.17}$$

其中，κ 为接入定价系数。

（四）博弈顺序

首先两个电信运营商同时做出网络投资决策，这一决策一旦做出，就会被对方观察到；其次，电信运营商在零售市场进行价格竞争，由利润最大化设定各自的固定费用和通话资费。

二、网络竞争的博弈分析

（一）价格竞争

根据逆向归纳法，先求零售市场电信运营商的价格竞争。电信运营商 i 的利润函数 Π_i 为

$$\Pi_i = \pi_i - I(\theta_i) \tag{6.18}$$

其中，

$$\pi_i = \alpha_i \{ [p_i - c - (1 - \alpha_i)(a_i - c_0)]\theta_i q(p_i) + F_i - f \} \\ + \alpha_i \alpha_j (a_j - c_0)\theta_j q(p_j) \tag{6.19}$$

为了便于表述，我们称 π_i 为毛利润（gross profit）。利用 F_i 与 w_i 之间的线性关系 $[F_i = \theta_i v(p_i) - w_i]$，将利润函数 Π_i 表示为变量 (w_i, p_i) 的函数，即

$$\Pi_i = \alpha_i \begin{Bmatrix} [p_i - c - (1 - \alpha_i)(a_i - c_0)]\theta_i q(p_i) \\ + \theta_i v(p_i) - w_i - f + \alpha_j (a_j - c_0)\theta_j q(p_j) \end{Bmatrix} - \beta \theta_i^2 \tag{6.19}$$

由式（6.17）可化简为

$$(a_i - c_0)\theta_i q(p_i) = \kappa [(p_i - c)\theta_i q(p_i) + F_i] \tag{6.20}$$

把式（6.20）代入式（6.19），并通过整理可得

$$\Pi_i = \alpha_i \begin{Bmatrix} [1 - \kappa(1 - \alpha_i)] \, [(p_i - c)\theta_i q(p_i) + \theta_i v(p_i) - w_i] \, - f \\ + \kappa(1 - \alpha_i) \, [(p_j - c)\theta_j q(p_j) + \theta_j v(p_j) - w_j] \end{Bmatrix} - \beta \theta_i^2$$

$$\tag{6.21}$$

根据式(6.21)利润最大化的一阶条件，可得

$$\frac{\partial \Pi_i}{\partial p_i} = \alpha_i(p_i-c)k_iq'(p_i) - \alpha_i\alpha_j(a-c_0)k_iq'(p_i) = 0 \qquad (6.22)$$

$$\frac{\partial \Pi_i}{\partial w_i} = \frac{\sigma}{1-2\sigma\delta}\left[(p_i-c)k_iq(p_i)+k_iv(p_i)-w_i-f\right] - \alpha_i$$

$$+ \frac{\sigma}{1-2\sigma\delta}(1-2\alpha_i)(a-c_0)\left[k_jq(p_j)-k_iq(p_i)\right] = 0 \quad (6.23)$$

由式(6.22)可得

$$p_i = c \qquad (6.24)$$

式(6.24)表明：消费者每分钟的通话资费等于电话呼叫的真实边际成本 (true marginal cost)c，而不是 Laffont-Rey-Tirole(1998a，1998b)的可测边际成本(perceived marginal cost)[即 $p_i = c + \alpha_j(a_i-c_0)$]。

由式(6.23)可求出 w_i:

$$w_i = \frac{-6+3\kappa+4\sigma v(c)(2\theta_i+\theta_j)+4\kappa[\sigma v(c)]^2(\theta_i-\theta_j)^2}{12\sigma} \qquad (6.25)$$

因此，

$$F_i = \theta_iv(p_i)-w_i = \frac{6-3\kappa+4\sigma(\theta_i-\theta_j)v(c)[1-\kappa v(c)(\theta_i-\theta_j)]+12\sigma f}{12\sigma}$$

$$(6.26)$$

根据式(6.16)和式(6.25)可求出电信运营商 i 的市场份额：

$$\alpha_i = \frac{3+2\sigma v(c)(\theta_i-\theta_j)}{6} \qquad (6.27)$$

此时，利润函数可表示为

$$\Pi_i = \frac{[3+2\sigma v(c)(\theta_i-\theta_j)]^2\{6-\kappa[3+2\sigma v(c)(\theta_i-\theta_j)]\}}{216\sigma} - \beta\theta_i^2 \qquad (6.28)$$

(二)网络投资竞争

由式(6.28)的 Π_i 对 θ_i 求一阶导数可得

$$\frac{d\Pi_i}{d\theta_i} = \frac{4\sigma v(c)[3+2\sigma v(c)(\theta_i-\theta_j)]\{6-\kappa[3+2\sigma v(c)(\theta_i-\theta_j)]\}}{216\sigma}$$

$$+ \frac{-2\kappa\sigma v(c)[3+2\sigma v(c)(\theta_i-\theta_j)]^2}{216\sigma} - 2\beta\theta_i = 0 \qquad (6.29)$$

在对称均衡处下，有 $\theta_i=\theta_j=\theta$，代入式(7.29)可求出电信运营商 i 的最优投资水平 θ^* 为

$$\theta^* = \frac{(4-3\kappa)v(c)}{24\beta} \qquad (6.30)$$

由式(6.30)可知，$\frac{d\theta^*}{d\kappa} = -\frac{v(c)}{8\beta} < 0$，即电信运营商的最优投资水平随着接

入定价系数的增加而减少，因此，规制机构为提高电信运营商的网络投资激励，应降低接入定价系数 κ 的值。

下面考虑社会总福利最大化时的网络投资水平。社会总福利水平 W^R 由消费者剩余和电信运营商的利润之和构成，即

$$W^R = \alpha_1 w_1 + \alpha_2 w_2 + \Pi_1 + \Pi_2 \tag{6.31}$$

利用对称性以及消费者净剩余和利润函数的表达式，式(6.31)可化为

$$W^R = \theta v(c) - 2\beta\theta^2$$

社会最优的投资水平 θ^R 由最大化社会福利水平决定，即

$$\max_k \theta v(c) - 2\beta\theta^2 \tag{6.32}$$

由式(6.32)中的一阶条件可得

$$\theta^R = \frac{v(c)}{4\beta} \tag{6.33}$$

三、双向接入定价规制

下面分析为鼓励电信运营商进行网络投资的双向接入定价规制问题。

1. $\kappa = 0$ 时

当 $\kappa = 0$ 时，由式(6.17)可得 $a_i = c_0$，即规制机构以接入成本对接入定价进行规制，此时电信运营商最优的投资水平 $\theta^* = \frac{v(c)}{6\beta}$。很显然，此投资水平低于社会最优投资水平 θ^R。因此，以接入价格等于接入成本进行接入定价将导致电信运营商网络投资不足。

2. $\kappa = -\frac{2}{3}$ 时

当 $\kappa = -\frac{2}{3}$ 时，由式(6.17)可知 $a_i < c_0$，即规制机构以低于接入成本的方法进行接入定价，电信运营商最优的投资水平 $\theta^* = \frac{v(c)}{4\beta}$，此投资水平等于社会最优投资水平 θ^R。因此，低于接入成本的接入定价规制方法将导致电信运营商网络投资水平达到社会最优水平。

下面比较 $\kappa = 0$ 和 $\kappa = -\frac{2}{3}$ 两种情况下电信运营商利润的大小。当 $\kappa = 0$ 和 $\kappa = -\frac{2}{3}$ 时电信运营商的利润分别为 $\frac{1}{4\sigma} - \frac{v^2(c)}{36\beta}$ 和 $\frac{1}{3\sigma} - \frac{v^2(c)}{16\beta}$。为了比较利润的大小，我们取 $\sigma = 0.005$，$c = 2$，$\beta = 1$，则 $\kappa = 0$ 和 $\kappa = -\frac{2}{3}$ 时电信运营商的利润分别为 49.11 和 64.67。容易看出，电信运营商在 $\kappa = -\frac{2}{3}$ 时的利润要大于 $\kappa = 0$ 时

的利润。

结论 6.1：当 $\kappa=0$ 时，即以接入价格等于接入成本的方法进行接入定价将会导致电信运营商网络投资不足；当 $\kappa=-\dfrac{2}{3}$ 时，即以接入价格低于接入成本的定价方法进行了接入定价会导致电信运营商的网络投资水平等于社会最优投资水平；并且，电信运营商在 $\kappa=-\dfrac{2}{3}$ 时的利润大于 $\kappa=0$ 时的利润。

上述结论表明，规制机构如果以接入价格等于接入成本的方法进行接入定价，将导致电信运营商网络投资不足问题的产生。从长期来看，网络投资不足将使得电信业无法持续创新，网络竞争效率低下，损害消费者福利。因此，为保持中国电信业的持续创新能力，提高动态网络竞争效率，规制机构的最佳规制方法是将接入价格设定小于接入成本，即 $a<c_0$。与前面一样，当电信运营商的通话流量平衡时，为了在实践中更便于操作，规制机构可采取免接入费（即挂账交易）的方法对接入定价给予规制。

我国电信业自 2008 年新一轮市场结构重组以后，电信市场形成了以中国电信、中国移动和中国联通三家全业务电信运营商的"三足鼎立"之势（李美娟，2012c），并且工信部于 2009 年 1 月为三大运营商发放了 3G 牌照，中国电信业进入了全面竞争阶段。为了提升 3G 网络覆盖和服务质量，2013 年 12 月，工信部向中国移动、中国电信、中国联通正式发放了 4G 牌照，期望通过 4G 业务的发展促进中国经济进一步发展，鼓励电信运营商进行网络投资。新一轮的电信网络建设开始，如何进行有效的接入定价规制，以鼓励电信运营商进行网络投资建设成为政府重点关注的问题。

第七章　全业务运营环境下中国电信业网络接入规制变革的发展方向及政策建议

第一节　网络接入规制变革的动因及面临的挑战

一、网络接入规制变革的动因

(一)技术性因素推动网络接入规制变革

电信业网络接入的技术性因素改变了电信业的成本结构和利润结构，对电信运营商的利益格局产生较大影响，因此，随着技术的发展，网络接入会不断产生新的问题，已有的规制政策有可能不适应新的情况，需要不断调整规制政策。电信技术的进步使电信服务的内容、形式和质量有了很大提高，增值电信服务的内容不断增加，网络接入服务需求日益提升。因此，拥有瓶颈设施的主导运营商为减少竞争压力，会采取一系列新型的非价格策略行为排挤竞争性运营商。此外，技术的不断进步、电信业价值链环节加深纵向专业化分解、各类业务共用网络设施，以及成本结构更加复杂，这些情况给网络接入特别是接入费用的计算带来更大的困难。因此，在全业务运营环境下，技术性因素推动了电信业网络接入规制的变革。

(二)制度环境决定了网络接入规制变革的发生和发展

良好的制度环境能够促进电信业的可持续发展，因为一国的制度环境影响着电信业的整体竞争力。目前中国电信业制度环境还不完善，相关法律法规建设滞后，网络接入规制有待变革。

在电信法制环境方面，中国电信业法制环境存在缺失。20 世纪 90 年代以来，一些发达国家对电信法进行了相应的变革，如美国于 1996 年修订了新电信法，替代了 1934 年《电信法》；在法国，1996 年议会通过了电信业管理的法律；日本自 1984 年出台了《NTI 法》、《电信事业法》和《KDD 法》三个法案后，又多次对其进行了修改。可见，电信业发达国家有着比较完善的法制体系。而在中国，电信业法制环境很不完善。到目前为止，仍没有出台《电信法》，同时现有的法规也不完备。目前规范电信业的法规对于维持自由、公平、有序竞争的市场秩序的要求仍有一定的差距。

在行业监管环境方面，首先中国电信业缺乏独立性的规制机构。在发达国家的电信改革过程中，电信业都会建立独立的电信规制机构，如美国的联邦通信委员会(FCC)，英国的电信管理局(OFTEL)。而在中国，电信业开放之前的电信规制机构是邮电部，邮电部作为规制机构的同时，还拥有电信业务的经营权，这种政企不分的规制体制制约着中国电信业的发展。1998年，信息产业部成立，但由于受之前政策的影响，信息产业部仍是一个缺乏独立性的规制机构。目前，中国电信业的规制机构是工信部，从其地位来看，它只是国务院下设的工作部门，在履行电信规制职责时，仅对相关事务进行行政管理；此外，作为中国电信业的规制机构没有明确的法律地位，涉及具体电信规制时，特别是在重大事项的裁决上必须由国务院认定；当涉及电信资费规制时，还需要与国家发改委等部门协商。其次，中国电信业缺乏对电信规制机构的监督。规制机构在实施规制过程中如果缺少对其监督，则很容易导致规制失灵。

因此，中国电信业制度环境决定了网络接入规制变革的发生，随着电信改革的深入发展，需要创造良好的制度环境，只有电信业的制度环境大大改善，才能进一步推动电信业网络接入规制的发展。

(三)建立基于成本接入定价规制制度的迫切性

我国电信业现行的接入定价模式是按资费进行结算的，但随着通信技术的发展，网络融合是必然趋势。在此背景下，多种业务融合在一起，无法清楚地区分每一项业务的具体资费，从而难以按资费进行结算。而基于成本的接入定价是市场经济条件下电信运营商之间合作的基础，也是电信业实现有效竞争的必然要求。因此，在全业务运营环境下，中国电信业的接入定价规制应是以成本为基础确定接入价格。WTO、EU、ITU以及日本、美国等国际组织和国家，都已经要求电信业接入定价应该基于成本加以确定，甚至很多国家明确规定要以长期增量成本为基础来确定接入价格。

2003年，由中国社会科学院规制与竞争研究中心主任张昕竹研究员与美国麻省理工学院教授Hausman等承担的接入定价方案，基本思想就是根据"增量成本"来核算接入价格，其前提是承认不同电信运营商进行网络接入时，都存在一定的成本支出，通过一些模型和方法计算出网络接入成本之后，再对接入双方进行一定的成本补偿。该方案虽然已提交给信息产业部(现工信部)，但由于遭到某些电信运营商的激烈反对，因此并没有公布，也没有实施。

实施基于成本的接入定价方案实施起来比较困难的主要原因是成本测算比较困难。在中国，电信业成本测算遇到了很多困难，并受到了诸多质疑，但正如张昕竹(2002)所说："成本测算的重要性无论怎么强调都不过分，因为它不但是事前监管的基础，也是事后利用监管手段进行监控的重要依据"。事实上，要想使电信业规制政策能够顺利实施，规制机构最关键的任务就是要解决电信成本的测算问题。此外，有些学者认为如果电信运营商之间能够通过商业谈判确定接入资费标准，那么接入成本测算的意义不大。然而，优先考虑电信运营商利用商业谈判机制解决网络接入定价问题，并予意味着成本测算失去意义。张昕竹(2002)认为，建立在成本测算基础上的规制干预将对电信运营商之间的商业谈判结果产生重要影响；同时，即使规制机构主要依赖事后机制进行规制，成本测算也是规制机构进行仲裁和解决纠纷的重要依据。

二、网络接入规制面临的挑战

(一)对不正当竞争行为的甄别越来越难，网络接入矛盾更加突出

中国电信业全业务运营以来，电信运营商在网络接入方面的竞争手段和竞争方式也随着发生改变，规制机构按照已有的规制手段和规制经验，已难以对一些不正当竞争行为进行判断和甄别，特别是在取证方面变得更加困难，从而使得网络接入矛盾更加突出。此外，在全业务运营环境下，由于各电信运营商的规模和业务不平衡，电信运营商进行网络接入的需求程度也随之不同，网络接入的被需求方会在一定条件下对需求方采取不正当竞争行为，以压制竞争对手，阻止市场竞争，最后导致网络接入矛盾更加恶化。

(二)新业务不断涌现，网络接入规制难度不断加大

全业务运营后，随着技术的发展，电信业新业务不断涌现，特别是多种增值业务以及业务组合的出现，使得网络接入工作涉及的面更广，相互关系的协调、网络接入矛盾与接入质量会更加复杂，接入规制难度不断加大，这对电信业网络接入规制提出了新的挑战。

(三)全业务运营对接入定价规制提出新的要求

当出现多种电信业务组合时，以零售资费进行网间结算，就很难准确地对这些业务进行结算。因此，在全业务运营环境下，确定按照什么样的标准核算接入双方应当支付的费用就十分重要，如果标准制定不合理，则不能激发电信运营商进行网络接入的积极性。根据电信业发达和电信体制成熟国家的经验，全业务运营环境下的接入定价规制不应基于资费，而应以成本为基础进行接入定价。

（四）三网融合给网络接入规制带来全新的挑战

2015 年 8 月，国务院办公厅印发了《三网融合推广方案》，这标志着三网融合工作进入全面推广阶段，三网融合的动态变化必然带来网络接入规制的变革。网络融合促进了多平台竞争，同时也会带来一些阻碍网络接入的因素，不合理的网间结算体系有可能成为全业务运营环境下三网融合的重大障碍。因此，在三网融合背景下，应根据电信业发展和市场竞争的态势，适时制定、更新和完善有关网络接入的技术标准、结算方法、法律法规等，为全业务运营环境下电信业网络接入规制提供适时、有效的技术标准、法律法规等基础依据。

第二节　网络接入规制变革的发展方向及目标

一、网络接入规制变革的发展方向

中国电信业网络接入规制经过了近二十年的改革和发展取得巨大成绩之后，所有的利益相关者，包括政府、规制机构、被规制企业、消费者和社会公众都更加关注其规制变革的发展方向。如何把握未来的发展方向，是理论研究需要解决的重要问题，其关系到各方的利益。因为理论研究的目的不仅在于解释现实，更在于预见未来，并对未来行动给予指导。

在此，本节试图应用中国电信业的制度变迁，以技术性因素、制度环境等影响网络接入规制变革诸因素的变化趋势，以及各相关利益集团的博弈互动，给出全业务运营环境下中国电信业网络接入规制变革的发展方向（图 7.1），以便对此问题有更加清晰和准确的认识。

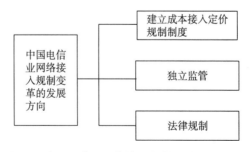

图 7.1　中国电信业网络接入规制变革的发展方向

首先，建立基于成本的接入定价规制制度。中国也已经明确要求以成本为基础确定网间结算资费。例如，2001 年颁布的《公用电信网间互联管理规定》明确规定，网间结算标准应当以成本为基础进行核定。

其次，健全独立监管制度。基于成本的接入定价规制的实现，应以完善的规制制度和不断加强的监管为基础。随着政府行政体制改革的深入，建立独立的监管制度是大势所趋，因此，随着电信规制制度环境的变化，电信独立监管在不远的将来就会成为现实。

最后，具备完善的法律规制环境。"立法先行"是美国、日本等先行电信规制改革国家或地区的重要经验。从世界各国的实践来看，大多是先行制定或修改电信法，然后以此为基础，在电信业打破垄断、引入竞争。规制立法和依法规制已经成为中国电信业的当务之急。

上述各方面都有世界先进经验可供借鉴，因此，在全业务运营环境下中国电信业网络接入规制变革依然是一个在制度借鉴和学习基础上的创新，是一个制度扩散和学习的过程。

二、网络接入规制变革目标

全业务运营环境下中国电信业网络接入规制变革的主要目标是以促进竞争为导向，协调与处理电信运营商的经济利益，维护电信用户的合法权益，健全接入服务市场，保障网间互联，最终促进电信市场的有效竞争。电信市场的有效竞争，一方面能够刺激电信运营商降低生产成本，提高生产效率，另一方面还有利于规制机构获取更多的有关被规制企业的信息，提高规制效率。学者们对电信市场有效竞争形成的共识是：有效的电信竞争是建立在有效的网络接入规制政策上。

从技术层面来看，随着通信技术的迅速发展，电信业网络接入的硬件设施完全能够提供网络接入所需，但是网络接入的运行状况，主要由接入价格、接入质量等因素来决定的。从这个角度来看，网络接入规制政策将影响电信运营商的市场行为，最终又将导致市场结构发生变化，进一步影响到电信竞争的效率。因此，全业务运营背景下电信业网络接入规制应以网络接入规制政策有利于电信业的有效竞争为目标，实现电信产业的持续发展，实现社会福利最大化。

第三节 网络接入变革的政策建议

中国电信业自 2008 年进行全业务运营以来，市场结构发生了巨大变化，市场绩效取得了明显改善。例如，固话和移动电话实行了双向结算；网络接入的技术日益规范，出台的各种法规规定了电信运营商在不同类型网络接入的技术要求，在接入原则、网络传输质量等技术要求方面做了相应的规定。规制机构对网络接入质量进行了监测与考核，建立了国家层面和省级层面网间结算与互联互通的检测系统。同时，对电信运营商的违规行为加大处罚力度，提高电信运营商实施策略性行为的成本，促进电信市场朝有效竞争格局健康发展。

然而，由前面各章的研究可知，中国电信业网络接入规制仍存在很多问题，因此，本节结合中国电信业网络接入规制变革的发展方向，并参考典型发达国家网络接入规制经验，给出中国电信业网络接入规制变革相应的政策建议。虽然接入定价是电信业网络接入规制的重点和难点，但接入定价规制只是从经济角度解决网络接入问题，还需从行政、法律等方面加以完善。

一、逐步建立基于成本的接入定价体系

由于基于零售资费接入定价具有诸多缺陷，中国电信业接入定价应采用国际公认的法则，以接入成本为依据来制订，建立基于成本的接入定价体系。根据电信业发展成熟国家的经验，在全业务运营环境下，为提高电信竞争效率，实现电信市场的有效竞争，规制机构必须在接入成本的基础上进行接入定价规制。正如张国华（2010）所说："即便面对诸多不同利益集团的压力，中国政府依靠行政力量也要制订出一套符合中国电信业长远利益的基于成本的接入定价体系"。

由前面各章研究得到的结论可知：对于单向接入，为防止在位垄断运营商实施策略性行为，规制机构应根据在位垄断运营商与新进入运营商的成本差异选择合理的接入定价方法；对于双向接入，应根据运营商网络的对等和非对等地位对双向接入定价进行规制。当电信运营商的网络处于对等地位时，可应用接入价格等于接入成本的方法进行双向接入定价规制；当处于非对等地位时，可先实施非对称接入定价规制，一旦运营商的网络呈对等地位，规制机构应放弃非对称接入定价，而采用对等网络竞争下的双向接入定价规制方法。若考虑 n 期网络竞争和网络投资，规制机构应将接入价格设定在接入成本之下，当三家电信运营商通话流量平衡时，可采用挂账交易的方法对接入价格给予规制。

在逐步建立基于成本接入定价的过程中，还要考虑以下两个方面。

（一）成本的确定

基于成本的接入定价法中占主流的是长期增量成本定价法。长期增量成本定价一方面体现了边际成本定价的思想，另一方面也切合了电信业的客观实际。边际成本中的成本包括历史成本，而增量成本中的成本则是指前瞻性成本，因此，当长期增量成本的"增量"趋向于零时，则它就等于长期边际成本。中国电信业在全业务运营环境下，可采用长期增量成本进行接入定价。

由于长期增量成本法计算出的增量成本通常小于电信运营商的历史成本，因而遭到主导电信运营商的批评。尽管通过长期增量成本法制定的接入价格较低，可以促进电信市场竞争，但由于较低的接入价格有可能使得主导电信运营商的网络投资得不到应有的补偿，从而使得主导电信运营商降低网络投资的积极性。因此，一些国家对长期增量成本法进行了改进。例如，加拿大采用"全业务长期增量成本+统一增加值"的定价法；美国的 FCC 最先采用的全要素长期增量成本定价法，而后改用了全业务长期增量成本法。

本书认为加拿大所采用的接入定价法更适合中国。全业务长期增量成本+统一增加值的按入定价法用"统一增加值"接入定价法用"统一增加值"来弥补主导电信运营商因网络接入而产生的共同成本与连带成本[①]。由于这种接入定价法对主导电信运营商因网络接入而增加的成本给予了一定的补偿，从而使主导电信运营商有动力对其网络进行技术更新。此外，由于该接入定价法是基于长期增量成本进行定价，因此对主导电信运营商因陈旧技术和之前投资所导致的成本不给予补偿，从而能够预防主导电信运营商转嫁网络接入成本的行为发生，有利于制定出较低的接入价格，降低弱势电信运营商与主导电信运营商互联时的接入成本，使其能更公平地参与市场竞争(程肖君，2008)。

(二)成本测算工作的加强

毫无疑问，规制机构要准确制定电信业的接入价格，必须掌握包括网络接入成本在内的成本信息。成本信息掌握得越多、越准确，接入定价规制政策的制定就越具科学性和可行性。因此，虽然电信成本测算是世界各国都面临的一个难题，但各个国家仍不断地开发出形形色色的成本测算模型，力图对电信成本进行较为准确的测算，以便为规制机构制定规制政策提供数据基础。

中国现有三大电信运营商都是由原邮电部经过多次拆分重组后演变而来的，其中伴随着经济体制由计划经济向市场经济的转轨过程，以及会计制度等法律法规不断调整的过程，因此电信运营商给出的成本数据等历史资料残缺不全，统计口径多种多样，给成本测算造成了极大的困难。

正是这样，中国电信业规制机构更应该加强电信业的成本测算工作。具体来说，可从以下三个方面提出加强中国电信成本测算工作(姜春海，2011)：①在现行会计制度下，要求电信运营商确定各自的成本分摊程序，完善各自的成本数据统计，并按照会计年度定时向规制机构上报，作为第一手数据资料。②聘请国内外独立的电信经济学家和会计师，对电信运营商成本数据资料和成本分摊程序进行审查，以确定数据资料的科学性、真实性、有效性。对于不能保证成本数据资料和成本分摊程序科学性、真实性和有效的电信运营商，进行一定的批评甚至处罚。屡次不改者，规制机构可以强制派遣独立的电信经济学家和会计师进驻，对该电信运营商当前会计年度的成本数据资料进行测算，并将测算结果上报规制机构。③规制机构可以聘请国内外独立的电信经济学家和会计师，或者借鉴其他国家电信成本测算模型，或者独立开发自己的电信成本测算模型，以摆脱电信运营

---

① 连带成本是指因建设、运营与维护共同使用的网络所发生的成本及与此相关的成本。

商单方面掌握成本信息的限制。

二、完善网络接入规制制度

(一)重新界定主导电信运营商的定义

主导电信运营商是电信业网络接入规制的重点,而在全业务运营环境下,主导运营商的定义与以前的含义应有所区别,因此,需要对网络接入中的主导运营商定义进行重新界定。

《电信条例》对主导电信运营商的界定与现有规范电信业的一些行政法规的界定存在着一定的矛盾。《电信条例》中的主导电信业务经营者是指"控制必要的基础电信设施并且在电信业务市场中占有较大份额,能够对其他电信业务经营者进入电信业务市场构成实质性影响的经营者"。因此,只要满足《电信条例》规定条件的固定本地运营商和移动运营商都可以被界定为主导运营商。而在2001年颁布的《公用电信网间互联管理规定》中规定,"主导的电信业务经营者是指控制必要的基础电信设施,并且所经营的固定本地电话业务占本地网范围内同类业务市场50%以上的市场份额,能够对其他电信业务经营者进入电信业务市场构成实质性影响的经营者"。根据上述规定,主导电信运营商的范围主要限定在固定本地运营商,移动运营商即使控制了必要的基础电信设施,并且其用户数量超过了固定本地运营商,也不能认定为主导电信运营商。

从上面的分析很容易看出,现有行政法规对主导电信运营商的界定存在一定的差异,而在全业务运营环境下,三家电信运营商都拥有自己的固定电话和移动电话,并且各个运营商拥有固话和移动电话的用户数量不一样,如果根据已有的主导电信运营商定义,则不能界定全业务运营环境下的主导运营商。如果主导运营商的定义界定不清晰,则规制机构不能很好地对主导运营商的策略性行为给予合理规制。因此,在全业务运营环境下,需要对主导电信运营商的定义进行重新界定。

(二)细化电信运营商的网络接入责任

当主导电信运营商与新进入运营商进行网络接入时,新进入运营商有可能抢占其业务,使其市场份额和利润下降,因此,主导电信运营商有激励行使各种策略性行为以排斥市场竞争。因此,细化电信运营商在网络接入方面的责任,是规制机构规范与强化网络接入规制的核心问题。网络接入规制政策一方面要强制主导电信运营商必须为新进入运营商提供网络接入服务,另一方面还要详细规定网络接入双方签订接入协议的内容,比如,对接入质量和接入技术等方面的要求。同时,规制机构制定出的相关规定要具有可操作性。此外,电信业的技术进步影响网络接入质量，因此，规制机构在制定网络接入规制政策时应根据实践情况的变化而适时加以调整。

（三）主导运营商承担一些特别的监管义务

网络接入规制涉及众多的利益相关者，需要考虑不同利益集团的诉求，将网络接入义务集中于主导运营商是减少监管机构干预、有效应用有限监管机构资源的方法之一。规制机构应要求主导运营商承担一些特别的监管义务，如价格要公开透明，不能实施非歧视性定价；在财务上应保持会计账户独立，定期向规制机构报告成本等相关事宜。

（四）处理好网络接入制度的稳定性和灵活性的关系

规制机构在制定网络接入制度时，应处理好接入制度的稳定性与灵活性的关系。主导运营商在很多时候更多地关注其在短期的收益与损失，因此，为保证主导运营商与其他运营商的网络互联互通，并引导主导运营商进行网络投资和技术创新，规制机构应制定相对稳定的接入制度。然而，在全业务运营环境下，电信技术不断进步，电信服务种类日益增多，这要求网络接入制度也要与时俱进，应将灵活性引入接入制度，即网络接入规制制度应根据现实情况做出相应地调整，以适应新的电信环境。例如，为更好地适应新变化，符合市场需求，未来网络接入资费的调整可以成为一种新常态，根据电信市场的发展，每两年可进行一次评估，根据实际情况进行必要的调整。

三、建立"政监分离"的监管模式

近年来，随着电信改革的不断深入，世界绝大多数国家的电信业在逐步建立"政监分离"的独立监管制度。中国电信业经过多次分拆重组，已形成了三家电信运营商全业务运营，因此，为实现公平、有效的电信规制，中国电信业需要建立独立的监管制度，实行"政监分离"，即政府的政策制定职能与监管职能相分离。独立监管制度，需要建立独立的电信规制机构，并以法律为依据执行规制，同时更多地采用经济性规制方法进行电信规制，这样可以增加规制的可信度和有效性，减少规制的不确定性。

电信规制职能与政策制定职能相分离，在很大程度上避免了规制过程中受到政府的干扰。此外，电信规制业务的专业性和复杂性，也需要规制机构保持独立，以保证电信规制的权威性和公正性。目前，工信部是中国电信业的规制机构，但同时又担负着电信业的政策制定，在规制过程中有可能产生职能冲突，导致规制无效。此外，在政监不分的情况下，难以确保其在制定政策时会在国有与非国有电信运营商之间，或者在国有电信运营商之间保持公平、公正。因此，规制职能和行业管理职能的分离是我国电信规制机构独立性建设的关键所在（王俊豪和沈吉，2008）。此外，我国在加入 WTO 以后，客观上要求我国加快电信规制体制改革，设立符合国际惯例、权威性强、效率高的政府规制机构。

发达国家的电信业多采用政监分离模式。例如，美国产业政策由商务部下属的 NTIA 制定，联邦和州的规制措施却分别由 FCC 和各州公用事业委员会分级执行；英国 MTI 负责产业政策制定和经营许可证颁发，OFTEL 则进行统一电信监管；韩国由信息通信部（MIC）制定综合性产业政策，韩国通信委员会（KCC）实行具体的电信规制；澳大利亚也于 1989 年成立独立规制机构 AUSTEL。

根据发达国家独立监管模式的经验与借鉴，中国电信业建立"政监分离"监管模式时，以下两个方面十分重要：一是要建立独立的电信规制机构，并且规制机构得到法律的授权，以保证其权威性；二是电信规制机构在行使规制职能时，应受到相关部门的监督与制衡。

四、加强电信监管体系建设

（一）加强监管人员队伍建设

当前，我国电信监管部门的专业人才严重不足，全业务运营环境下电信运营商之间的竞争日益激烈，监管人员经常来往于各个电信企业之间调解各类网络接入事件。特别是，一些案件的处理需要大量的数据处理，而从有限的监管人员中很难再单独安排出技术人员对一些技术细节进行深入的考察和取证，因而会影响到网络接入问题处理的公正性。因此，应大量引进相关专业技术人员，同时对现有工作人员进行业务培训，逐步形成一支专业结构合理、人员配置充分的高素质监管队伍。

（二）建立第三方技术监督平台

针对全业务运营环境下中国电信业网络接入障碍，中国电信业可建立第三方技术监督平台，以利于监管机构的监管，保证电信网络接入的质量与技术支撑。通过第三方技术监督平台的监控系统，监管人员可以对网络接入障碍进行监测，对网络接入争议和纠纷等提供证据。此外，根据第三方技术监督平台，还可以判断哪些网络接入障碍是人为原因造成的，以便更好地为监管部门调查取证、依法严惩提供手段和依据。

（三）对网络接入进行量化考核

借鉴日本、美国的做法，在发放电信业务许可证时把网络接入问题纳入管理考核当中。电信规制机构在向电信运营商分配新的码号、频率等电信资源时，应对其先前的网络接入行为予以量化考核和总体评价，以决定其是否有资格进入新的电信业务领域，使市场准入、号码和频率审批成为电信监管部门在执行监管工作中的强有力武器，成为政府监管网络接入问题的保证。

（四）建立长效监督机制

在全业务运营环境下，中国电信业要对网络接入规制政策落实到位还需要建立长久有效的监督体制。电信业有自然垄断行业独特的特点，应该通过长效监督进一步规范规制制度。从国际电信改革的过程看，各国在建立专业化机构对网络接入进行独立规制的基础上，也建立了具有监督职能的电信监管机构，以维护电信业的健康发展。中国也可以参考借鉴此方式，通过有效监管和合理规制相互配合，让网络接入政策能够有效落实。在有关监督部门的设置上，可以有独立的资金来源，保证公平公正的实施监管。同时还要更进一步建立健全相关的网络接入监管法规，对监管对象、监管内容、监管措施等进行细化和标准化，确保监管部门能够切实发挥职能，让网络接入规制政策朝着透明化、公平化、科学化的方向发展，从而引导电信市场有效竞争。

五、尽快出台单独的电信法

大多数国家对电信业的网络接入都存在规制实体和法律之间的互动问题，但在不同的国家，这种互动关系也是不同的。例如，在新西兰，法律处于一种主导地位，对网络接入基本没有任何的直接规制；在美国，网络接入处于规制和法律的竞相管理之下；在英国，规制机构追求法律所追求的目标，而没有受到多少其他法律手段的限制。随着市场的成熟，法律在上述国家的地位将更为突出。因此，可以看出，在电信市场开放初期，直接规制是必要的，但是随着电信市场开放程度的扩大，法律应当成为电信运营商的市场行为准则。强有力的法律法规，既是维护电信业整体利益的手段，也是电信运营商之间开展业务竞争和网络竞争的需要。因此，要进一步完善现有的法律法规，促进电信规制机构在网络接入规制过程中依法执行，减少规制机构行为的自主性和随意性。

早在 20 世纪 80 年代，中国已开始起草电信法，但时至今日，电信法仍然没有出台。2000 年颁布实施的《电信条例》只是行政规章，缺乏法律应有的权威性。此后，信息产业部（现为工信部）颁布的行政规章，法律效力更低。而在全业务运营环境下，中国电信业网络接入矛盾更加突出，阻碍网间互联的行为更加隐蔽，因此，中国电信业需要尽快出台一部电信法。电信法出台之后，电信规制机构对网络接入的直接规制应当减少，电信法应成为规制机构进行相机干预的准绳，中国电信业的发展应该走法治的道路。

中国在制定电信法时，应注意以下两个方面（姜春海，2011）：①立法和执法分离。某种意义上，电信法等规制立法实际上是不同利益目标差异下的机制设计过程，如果由执法者来立法，其将较多地考虑自身利益，如执行难度、执行成本等，从而法律将有失公正，甚至会对执法者失去约束，造成"立法俘虏"。②在电信法起草过程中，消费者代表、企业代表、规制机构、独立的技术和法律专家应该分别占有一定的比例，防止规制机构或企业代表完全掌控立法过程。历史上，美国 1996 年新《电信法》的修改过程中，也曾受到各种利益集团的强大压力，但却处理得很好，这方面的经验值得中国借鉴。

六、建立网络接入规制政策评价机制

在全业务运营环境下，中国电信业业务发展、技术创新、用户需求不断变革，这对网络接入规制政策提出了更高的要求。规制机构应建立相应的评价机制对网络接入规制政策进行评价，对不适应现实情况中的网络接入政策应做出相应的调整。

规制影响评价（regulatory impact analysis，RIA）是一种规制评价分析工具，依据政策目标对规制政策所产生的积极和消极影响进行系统分析，以评价其经济可取性，主要考评规制政策的收益、成本及效果。规制机构可以根据评价信息判断哪些规制政策必须保留，哪些规制政策是不必要的或缺乏效率。目前，经济合作与发展组织（OECD）的许多国家和欧盟成员国都已经应用了 RIA 进行规制政策评价，并已有许多成功的案例。RIA 评价方法有"成本——收益分析法"、"成本——效用分析法"、"成本——可行性分析法"等，但更多国家采用的是"成本——收益分析法"。

对于网络接入规制政策的评价方法，作者认为可以采用"成本——收益分析法"，对规制机构实施的网络接入政策所带来的成本与收益进行比较，看规制政策带来的成本是否能够抵消其所带来的收益。同时也要考虑规制政策对社会的影响。也就是说，为评价网络接入规制政策绩效的好坏，不仅要考虑其带来的成本和收益，还应兼顾其带来的社会效应。

结合现有的网络接入规制制度，在全业务环境下中国电信业应引入 RIA 对网络接入规制政策进行科学评估，以选择最合理的规制政策，提高整个电信市场的竞争效率和社会福利水平。实施 RIA 的基本步骤如下：

（1）明确目标。对全业务运营环境下中国电信业网络接入规制目标和内容十分明确，并定义相应的问题以及行动。

（2）提出方案。提出网络接入规制制度、措施的若干备选方案，并将没有规制的情况也作为其中的一个备选方案。

（3）量化成本和收益。量化各制度方案对应的成本和收益，并考察其对政府、电信运营商、消费者的影响。

(4)咨询。针对所有利益相关者，就备选方案及其相应的成本和收益进行公开咨询意见。

(5)制定网络接入规制政策。选择最优的规制制度和相应措施，制定网络接入规制政策。

综上所述，RIA 的基本流程如图 7.2 所示。

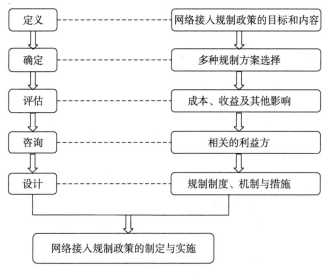

图 7.2　RIA 示意图

参 考 文 献

白让让. 2014. 制度均衡与独立规制机构的变革——以"信息产业部"和"电监会"为例 [J]. 中国工业经济, (10): 59-71.

陈斌, 厉春雷. 2012. 全业务运营时代电信业经济特性的嬗变 [J]. 北方经济, (02): 43-44.

陈代云. 2003. 电信网络的经济学分析与规制 [M]. 上海: 上海财经大学出版社.

程肖君. 2008. 中国电信产业的网络瓶颈、策略性行为与接入管制 [D]. 杭州: 浙江财经学院硕士论文.

戴晓艳. 2009. 电信网间互联互通问题案例研究 [D]. 北京: 北京邮电大学硕士论文.

房林. 2010. 网络产业互联互通的接入定价研究——以电信业为例 [D]. 天津: 南开大学博士论文.

胡凯. 2009. 论瓶颈垄断下的接入规制 [J]. 经济经纬, (06): 21-24.

姜春海. 2005. 网络产业接入定价的 ECPR 方法研究 [J]. 产业经济研究, (06): 63-72.

姜春海. 2006a. 网络产业单向接入定价理论研究 [J]. 产业经济评论, (02): 36-66.

姜春海. 2006b. 网络产业接入定价与垂直排斥 [J]. 产业经济研究, (06): 15-22.

姜春海. 2009. 基于机会损益的双向接入定价政府规制分析 [J]. 产业经济评论, (08): 18-32.

姜春海. 2011. 网络产业接入定价: 一般理论与政策设计 [M]. 大连: 东北财经大学出版社.

拉丰, 泰勒尔. 2001. 电信竞争 [M]. 胡汉辉, 刘怀德, 罗亮译. 北京: 人民邮电出版社.

李美娟. 2011. 电信业非价格歧视激励与政府接入规制探析 [J]. 现代财经(天津财经大学学报), (11): 123-128.

李美娟. 2012a. 论网络产业接入定价与策略性行为 [J]. 科技管理研究, (17): 128-131.

李美娟. 2012b. 接入定价与电信网络竞争理论研究述评 [J]. 生产力研究, (07): 254-256.

李美娟. 2012c. 网络外部性、接入定价与电信竞争 [J]. 预测, (03): 16-80.

李楠. 2009. 中国电信业产业互联互通接入定价研究 [D]. 南昌: 江西财经大学博士论文.

李楠, 伍世安. 2013. 网络产业中互联互通策略的演化博弈分析——以电信业为例 [J]. 经济经纬, (06): 77-82.

梁雄健, 徐亮. 2003. 电信网间互联成本测算与定价 [J]. 通信管理与技术, (4): 4-7.

吕志勇, 陈宏民. 2003. 网络竞争与双向互联: 中国电信产业横向分割的绩效研究 [J]. 世界经济, (8): 38-45.

骆品亮, 林丽闽. 2002. 网络接入定价与规制改革: 以电信业为例 [J]. 上海管理科学(01): 14-17.

马龙. 2014. 全业务时代我国电信业反垄断研究 [D]. 合肥: 安徽财经大学硕士论文.

牟清. 2011. 全业务竞争形势下中国电信业规制研究 [M]. 上海: 上海财经大学出版社.

欧阳恩山, 闫波, 邹删刚. 2005. 单向接入定价的经济模型分析 [J]. 无线工程, (11): 54-56.

石军. 2008. 全业务运营挑战电信监管 [J]. 世界电信, (05): 12-13.

唐睿. 2013. 基于区域性垄断下互联网互联互通双向接入定价的规制研究 [D]. 成都: 西南财经大学博士学位论文.

腾颖. 2006. 基于我国电信改革的网络接入规制研究 [D]. 成都: 西南交通大学博士学位论文.

佟健. 2005. 电信竞争、呼叫外部性与接听付费 [J]. 经济学(季刊), (03).

王俊豪, 程肖君. 2007. 自然垄断产业的网络瓶颈与接入管制政策 [J]. 财经问题研究, (12): 36-41.

王俊豪, 沈吉. 2008. 发达国家的电信管制机构及其启示 [J]. 经济管理, (08): 91-96.

乌家培. 2000. 网络经济 [M]. 长春：长春出版社.

夏皮罗，瓦里安. 2000. 信息规则：网络经济的策略指导 [M]. 张帆译. 北京：中国人民大学出版社.

徐莉. 2001. 世界部分国家的互联互通网间结算 [N]. 人民邮电，(03)：21.

许明峰. 2000. 网间互联主导电信企业得到了什么 [J]. 邮电企业管理，(9)：20-21.

张国华. 2010. 我国电信网间互联监管问题的研究 [D]. 苏州：苏州大学硕士论文.

张昕竹，让·拉丰，安·易斯塔什. 2000. 网络产业：规制与竞争理论 [M]. 北京：社会科学文献出版社.

张昕竹. 2000. 网络产业：规制与竞争理论 [M]. 北京：社会科学文献出版社.

张昕竹. 2002. 电信重组挑战电信监管 [N]. 中国经济时报，03-30.

钟俊英. 2005. 我国电信网间接入价格模型的实证分析：接入价格的确定 [J]. 数量经济技术经济研究，(12)：34-43.

Abbott B，Lipsky Jr，Sidak J. 1999. Essential facilities [J]. Stanford Law Review，7：1218-1220.

Armstrong M，Wright J. 2009. Mobile call termination [J]. Economic Journal，(119)：270-307.

Armstrong M，Doyle C，Vickers J. 1996. The aeeess prieing problem：a synthesis [J]. Journal of Industrial Economics，44(2)：131-150.

Armstrong M. 1998. Network interconnection in telecommunications [J]. Economic Journal，108 (448)：545-564.

Armstrong M. 2002. The Theory of Access Pricing and Interconnection [C]. in Cave M，Majumdar S，Vogelsang，I(eds.). Handbook of Telecommunications Economics. Amsterdam：North-Holland.

Armstrong M. 2004. Network interconnection with asymmetric networks and heterogeneous calling patterns [J]. Information Economics and Policy，(16)：375-390.

Avenali A，Matteucci G，Reverberi P. 2010. Dynamic access pricing and investment in alternative infrastructures [J]. International Journal of IndustrialOrganization，(28)：167-175.

Baake P，Kamecke U，Wey C. 2005. A regulatory framework for new and emerging markets [J]. Communications &Strategies，(60)：123-136.

Bijl，Peitz. 2004. Dynamic regulation and entry in telecommunications markets：a policy framework [J]. Information Ecnomics and Policy，(16)：411-437.

Cambini C. 2001. Competition between vertically integrated networks [J]. Information Economics and Policy，(13)：137-165.

Carter M，Wright J. 1999. Interconnection in network industries [J]. Review of Industrial Organization，14：1-25.

Carter M，Wright J. 2003. Asymmetric network interconnection [J]. Review of Industrial Organization，22：27-46.

Dessein W. 2003. Network competition in nonlinear pricing [J]. RAND Journal of Economics，34 (4)：593-611.

Domon K，Ota K. 2001. Access pricing and markets tructure [J]. Information Economics and Policy，13：77-93.

Economides N，White. 1995. Access and interconnection pricing：how efficient is the "Efficient Component Pricing Rule" [J]. Antitrust Bulletin，40(2)：557-579.

Economides N. 1998. The economics of networks [J]. International Journal of Industrial Organization，14：673-699.

Fuss M A，Waverman L. 2002. Econometric cost functions [C]. in Cave，Majumdar M，，Vogelsang S，I.

(Eds)，Handbook of Telecommunications Economics，V. I. Amsterdam：North-Holland.

Gabszewicz J，et al. 2008. Upstream market foreclosure ［J］. Bulletin of Economic Research，60 (1)：13-26.

Gans J，King S. 2001. Using "bill and keep" interconnect arrangements to soften network competition ［J］. Economics Letter，71：413-420.

Gans J S. 2001. Regulating private infrastructure investment：optimal pricing for access to essential facilities ［J］. Journal of Regulatory Economics，20：167−189.

Genakos，Valletti. 2011. Seesaw in the air：Interconnection regulation and the structure of mobile tariffs ［J］. Information Economics and Policy，(23)：159-170.

Grajek，Roller. 2012. Regulation and Investment in Network Industries：Evidence From European Telecoms ［M］. Chicago：University of Chicago Press.

Guthrie G. 2006. Regulating infrastructure：the impact on risk and investment ［J］. Journal of Economic Literature，(44)：921-968.

Hansen B. 2005. Network Competition when Costs are Heterogeneous ［EB/OL］. www. fep. up. pt/ conferences/earie2005/cd _ rom/Session%20VII/VII. F/bjorn. pdf.

Hart O，Tirole J. 1990. Vertical integration and market foreclosure ［J］. Brookings Papers on Economic Activity，Microeconomics：205-286.

Hurkens，Lopez. 2010. The welfare effects of mobile termination rate regulation in asymmetric oligopolies：The case of Spain ［J］. Telecommunications Policy，(11)：1-13.

Intven H. 2000. Telecommunications Regulation Handbook ［M］. Mc Carthy Tetrault.

Jeon，Hurkens. 2007. A retail benchmarking approach to efficient two-way access pricing：two-part tariffs ［J］. Economics Working Papers 07-11，NET Institute，revised Sep

Joo H，Ku M，Kim J. 2001. Optimal access pricing with interconnection obligation ［J］. Information Economies And Policy，13：331-338.

Jorde，Thomas M J，et al. 2000. Innovation，investments，and unbundling ［J］. Yale Journal of Regulation，(17)：1-37.

Klumpp，Su Xuejuan. 2008. Open access and dynamic efficieney ［J］. IDEI/Bruegel Conference on Network Industries Paper.

Laffont J J，Rey P，Tirole J. 1998a. Network competition： I . overview and nondiscriminatory pricing ［J］. RAND Journal of Economics，29(1)：1-37.

Laffont J J，Rey P，Tirole J. 1998b. Network competition：II. price discrimination ［J］. RAND Journal of Economics，29(1)：38-56.

Laffont J J，Tirole J. 1994. Aeeess prieingand com petition ［J］. EuroPean Economics Review，38：1673-1710.

Laffont J J，Tirole J. 2000. Competition in Telecommunications ［M］. Cambridge：MIT Press.

Mandy D M. 2000. Killing the goose that may have laid golden egg：only the data know whether sabotage pays ［J］. Journal of Regulatory Economics，17(2)：157-172.

Martin S，et al. 2001. Vertical foreclosure in expermental markets ［J］. RAND Journal Economics，32 (3)：466-496.

Ordover J A ，Saloner G，Salop S C. 1990. Equilibrium vertical foreclosure ［J］. American Economic Review，80(1)：127-142.

Perry. 1989. Vertical integration：determinants and effects ［J］. Handbook of Industrial Organization，

Vol. 1: 183-255.

Poletti S, Wright J. 2004. Network interconnection with participation constraints [J]. Information Economics and Policy, (16): 347-373.

Salinger M. 1988. Vertical mergers and market foreclosure [J]. Quarterly Journal of Economics, 103 (2): 345-356.

Salop, Scheffman. 1983. Raising rivals' costs [J]. American Economic Review, 73: 267-271.

Sibley D S, Weisman D L. 1998. Raising rival's costs: the entry of an upstream monopolist into downstream markets [J]. Information Economics and Policy, 10: 451-470.

Suzuki A. 2009. Market foreclosure and vertical merger: a case study of the vertical merger between turner broadcasting and time warne [J]. International Journal of Industrial Organization, 27(4): 532-543.

Tirole J. 1998. The Theory of Industrial Organization [M]. Cambridge: The MIT Press.

Valleti T M, Carlo Cambini. 2005. Investments and network competition [J]. Rand Journal of Economics, 36(2): p446-467.

Valletti T M. 1998. Two part access pricing and imperfect competition [J]. Information Economics and policy, 10: 305-323.

Valletti T M. 2003. The theory of access pricing and its linkage with investment incentives [J]. Telecommunications Policy, (27): 659-675.

Vogelsang I. 2003. Price regulation of access to telecommunications networks [J]. Journal of Economic Literature, 41: 830-862.

Weisman D. 2001. Access Pricing and Exclusionary Behavior [J]. Economics Letters, 72(1): 121-126.

William P L. 1995. Interconnection Prices in Local Telephony: the Implications of Symmetry. Industry Economics Conference, Melbourne, 5, pp6- 7.

Willig R. 1979. The Theory of Network Access Prieing [M]. East Lansing: Michigan State University Press.

Yannelis D. 2002. On access pricing with network externalities [J]. AEJ June, 30(2): 186-190.

附　　录

公用电信网间互联结算及中继费用分摊办法（2003 年）

序号	呼叫类型	去话方	转接方	来话方	计费方	核对方	结算关系及标准	备注
1.1.1	归属本地移动用户呼叫本地固定用户	移动运营企业		固定运营企业	移动运营企业	固定运营企业	移动运营企业支付固定运营企业 0.06 元/分钟	
1.1.2	归属本地移动用户经转接方电话网呼叫本地固定用户	移动运营企业	转接方运营企业	固定运营企业	1. 移动运营企业 2. 转接方运营企业	1. 转接方运营企业 2. 固定运营企业	1. 移动运营企业支付转接方 0.03 元/分钟 2. 移动运营企业支付固定运营企业 A 元/分钟	1. 转接方为主导运营企业 2. 来话方为非主导运营企业 3. 数值 A 由去话方与来话方商定
1.2.1	固定用户呼叫归属本地移动用户	固定运营企业		移动运营企业	固定运营企业	移动运营企业	固定运营企业与移动运营企业不结算	
1.2.2	固定用户经转接方电话网呼叫归属本地移动用户	固定运营企业	转接方运营企业	移动运营企业	1. 固定运营企业 2. 转接方运营企业	1. 转接方运营企业 2. 移动运营企业	1. 固定运营企业支付转接方 0.03 元/分钟 2. 转接方与移动运营企业不结算	
1.3.1	移动用户呼叫归属本地移动用户	移动运营企业甲		移动运营企业乙	移动运营企业甲	移动运营企业乙	移动运营企业甲支付移动运营企业乙 0.06 元/分钟	开始结算时间最迟不得超过 2004 年 1 月 1 日
1.3.2	移动用户经转接方电话网呼叫归属本地移动用户	移动运营企业甲	转接方运营企业	移动运营企业乙	1. 移动运营企业甲 2. 转接方运营企业	1. 转接方运营企业 2. 移动运营企业乙	1. 移动运营企业甲支付给转接方 0.03 元/分钟 2. 移动运营企业甲支付给移动运营企业乙 B 元/分钟	数值 B 由去话方与来话方商定

序号	呼叫类型	去话方	转接方	来话方	计费方	核对方	结算关系及标准	备注
1.4.1	固定用户呼叫其他运营企业的本地固定用户	固定运营企业甲		固定运营企业乙	固定运营企业甲	固定运营企业乙	固定运营企业甲应向固定运营企业乙支付本地网营业区内通话费的50%（按当地本地网营业区内的计费时间单位和通话费标准进行结算。若双方的通话费标准不同，以当地较高的通话费标准进行结算）	当主、被叫用户在同一营业区内，或主、被叫用户虽不在同一营业区内但不使用对方营业区间电路时
1.4.2	固定用户呼叫其他运营企业的本地固定用户	固定运营企业甲		固定运营企业乙	固定运营企业甲	固定运营企业乙	固定运营企业甲应得到通话费的10%，固定运营企业乙应得到通话费的90%（按当地本地网营业区间的计费时间单位和通话费标准进行结算。若双方的通话费标准不同，以当地较高的通话费标准进行结算）	主、被叫用户不在同一营业区内而使用固定运营企业乙的营业区间电路时
1.4.3	固定用户经转接方电话网呼叫其他运营企业的本地固定用户	固定运营企业甲	转接方运营企业	固定运营企业乙	1. 固定运营企业甲 2. 转接方运营企业	1. 转接方运营企业 2. 固定运营企业乙	1. 固定运营企业甲支付转接方0.03元/分钟 2. 固定运营企业甲支付被叫固定运营企业C元/分钟	1. 转接方为主导运营企业 2. 固定运营企业甲、乙为非主导运营企业 3. 数值C由去话方与来话方商定

续表

序号	呼叫类型	去话方	转接方	来话方	计费方	核对方	结算关系及标准	备注
1.5.1	移动用户经过互联点呼叫其他运营企业网络在本地挂设的业务台	移动运营企业		其他运营企业	移动运营企业	其他运营企业	移动运营企业支付其他运营企业0.06元/分钟	包括紧急特服台
1.5.2	移动用户经转接方电话网呼叫其他运营企业网挂设的业务台	移动运营企业	转接方运营企业	其他运营企业	1. 移动运营企业 2. 转接方运营企业	1. 转接方运营企业 2. 其他运营企业	1. 移动运营企业支付给转接方0.03元/分钟 2. 移动运营企业支付其他运营企业D元/分钟	1. 包括紧急特服台 2. 数值D由去话方与来话方商定
1.6.1	固定用户经过互联点呼叫其他运营企业网络在本地挂设的业务台	固定运营企业		其他运营企业	固定运营企业	其他运营企业	固定运营企业支付其他运营企业0.06元/分钟	包括紧急特服台
1.6.2	固定用户经转接方电话网呼叫其他运营企业网挂设的业务台	固定运营企业	转接方运营企业	其他运营企业	1. 固定运营企业 2. 转接方运营企业	1. 转接方运营企业 2. 其他运营企业	1. 固定运营企业支付给转接方0.03元/分钟 2. 固定运营企业支付其他运营企业E元/分钟	1. 包括紧急特服台 2. 数值E由去话方与来话方商定
2.1.1	移动用户未加拨非归属企业CIC进行国内长途呼叫,移动用户归属企业选择其他运营企业国内长途网	移动用户归属运营企业		国内长途网运营企业	国内长途网运营企业	移动用户归属运营企业	移动用户归属运营企业留本地网通话费+0.06元/分钟,将国内长途通话费的剩余部分支付给长途网运营企业	1. "发端进网"方式 2. 国内长途通话费按长途网运营企业资费标准
2.2.1	固定用户未加拨非归属企业CIC进行国内长途呼叫,固定用户归属企业选择其他运营企业国内长途网	固定用户归属运营企业		国内长途网运营企业	国内长途网运营企业	固定用户归属运营企业	固定用户归属运营企业留0.06元/分钟,将国内长途通话费的剩余部分支付给长途网运营企业	"发端进网"方式

序号	呼叫类型	去话方	转接方	来话方	计费方	核对方	结算关系及标准	备注
3.1.1	移动用户未加拨非归属企业CIC进行国际及港澳台电话呼叫,移动用户归属企业在主叫用户所在地将呼叫送入其他运营企业长途网	移动用户归属运营企业		国内长途网运营企业	国内长途网运营企业	移动用户归属运营企业	移动用户归属运营企业留本地网通话费＋0.06元/分钟,将国际及港澳台通话费的剩余部分支付给长途网运营企业	
3.1.2	移动用户未加拨非归属企业CIC进行国际及港澳台电话呼叫,移动用户归属企业在国际出入口局所在地将呼叫送入其他运营企业长途网	移动用户归属运营企业		国际电话网运营企业	国际电话网运营企业	移动用户归属运营企业	移动用户归属运营企业留本地网通话费＋不高于0.54元/分钟,将国际及港澳台通话费的剩余部分支付给长途网运营企业	
3.2.1	固定用户未加拨非归属企业CIC进行国际及港澳台电话呼叫,固定用户归属企业在主叫用户所在地将呼叫送入其他运营企业长途网	固定用户归属运营企业		国内长途网运营企业	国内长途网运营企业	固定用户归属运营企业	固定用户归属运营企业留0.06元/分钟,将国际及港澳台通话费的剩余部分支付给长途电话运营企业	
3.2.2	固定用户未加拨非归属企业CIC进行国际及港澳台电话呼叫,在国际出入口局所在地将呼叫送入其他运营企业长途网	固定用户归属运营企业		国内长途网运营企业	国内长途网运营企业	固定用户归属运营企业	固定用户归属运营企业留不高于0.54元/分钟,将国际及港澳台通话费的剩余部分支付给长途电话运营企业	

序号	呼叫类型	去话方	转接方	来话方	计费方	核对方	结算关系及标准	备注
4.1.1	移动用户加拨非归属企业 CIC，进行国内长途、国际及港澳台电话呼叫	移动用户归属运营企业		用户选择的长途电话运营企业	用户选择的国内长途电话运营企业	移动运营企业	用户选择的长途电话运营企业向移动运营企业支付 0.06 元/分钟	
4.1.2	移动用户加拨非归属企业 IP 电话接入码进行国内长途、国际及港澳台电话呼叫	移动用户归属运营企业		IP 电话网运营企业			IP 电话网运营企业与主叫移动用户归属企业不结算	
4.1.3	移动用户加拨非归属企业 CIC 进行国内长途、国际及港澳台电话呼叫，移动用户归属企业经转接方电话网送入用户选择的长途运营企业	移动用户归属运营企业	转接方运营企业	用户选择的长途电话运营企业	1. 转接方运营企业 2. 用户选择的长途电话运营企业	1. 移动运营企业 2. 转接方运营企业	1. 用户选择的国内长途电话运营企业向移动运营企业支付 0.06 元/分钟，向转接方支付 0.03 元/分钟 2. 转接方与主叫移动用户归属企业不结算	
4.1.4	移动用户加拨非归属企业 IP 电话接入码进行国内长途、国际及港澳台电话呼叫，经转接方电话网送入 IP 电话网运营企业网络	移动用户归属运营企业	转接方运营企业	IP 电话网运营企业	1. 转接方运营企业 2. 用户选择的 IP 电话网运营企业	1. 移动用户归属运营企业 2. 转接方运营企业	1. IP 电话网运营企业向转接方支付 0.03 元/分钟，IP 电话网运营企业与主叫移动用户归属企业不结算 2. 转接方与主叫移动用户归属企业不结算	
4.2.1	固定用户加拨非归属企业 CIC，进行国内长途、国际及港澳台电话呼叫	固定用户归属运营企业		用户选择的长途电话运营企业	用户选择的长途电话运营企业	固定运营企业	用户选择的长途电话运营企业向固定运营企业支付 0.06 元/分钟	

序号	呼叫类型	去话方	转接方	来话方	计费方	核对方	结算关系及标准	备注
4.2.2	固定用户加拨非归属企业 IP 电话接入码进行国内长途、国际及港澳台电话呼叫	固定用户归属运营企业		IP 电话网运营企业			IP 电话网运营企业与主叫固定用户归属企业不结算	
4.2.3	固定用户加拨非归属企业 CIC 进行国内长途、国际及港澳台电话呼叫，固定用户归属企业经转接方电话网送入用户选择的长途运营企业。	固定用户归属运营企业	转接方运营企业	用户选择的长途电话运营企业	1. 转接方运营企业 2. 用户选择的长途电话运营企业	1. 固定运营企业 2. 转接方运营企业	1. 用户选择的国内长途电话运营企业向固定运营企业支付 0.06 元/分钟，向转接方支付 0.03 元/分钟 2. 转接方与主叫固定用户归属企业不结算	
4.2.4	固定用户加拨非归属企业 IP 电话接入码进行国内长途、国际及港澳台电话呼叫，经转接方电话网送入 IP 电话网运营企业网络。	固定用户归属运营企业	转接方运营企业	IP 电话网运营企业	1. 转接方运营企业 2. 用户选择的 IP 电话网运营企业	1. 固定用户归属运营企业 2. 转接方运营企业	1. IP 电话网运营企业支付转接方 0.03 元/分钟，IP 电话网运营企业与主叫固定用户归属企业不结算 2. 转接方与主叫固定用户归属企业不结算	
5.1.1	从其他企业的国内长途、国际电话网，IP 电话网到归属本地移动用户的长途落地呼叫	国内长途、国际电话网运营企业，IP 电话网运营企业		被叫移动用户归属企业	国内长途、国际电话网运营企业，IP 电话网运营企业	被叫移动用户归属企业	国内长途、国际电话网运营企业，IP 电话网运营企业支付被叫移动用户归属企业 0.06 元/分钟	
5.1.2	从其他企业的国内长途、国际电话网，IP 电话网，经转接方电话网到归属本地移动用户的长途落地呼叫	国内长途、国际电话网运营企业，IP 电话网运营企业	转接方运营企业	被叫移动用户归属企业	1. 国内长途、国际电话网运营企业，IP 电话网运营企业 2. 转接方运营企业	1. 转接方运营企业 2. 被叫移动用户归属企业	1. 国内长途、国际电话网运营企业，IP 电话网运营企业支付转接方 0.06 元/分钟 + 0.03 元/分钟 2. 转接方支付被叫移动用户归属企业 0.06 元/分钟	

序号	呼叫类型	去话方	转接方	来话方	计费方	核对方	结算关系及标准	备注
5.1.3	在国际出入口局所在地，从其他企业国际电话网、IP电话网到非归属国际出入口局的移动网的国际及港澳台来话呼叫	国际电话网运营企业、IP电话网运营企业		接收呼叫的国内长途网运营企业	国际电话网运营企业、IP电话网运营企业	接收呼叫的国内长途网运营企业	国际电话网运营企业、IP电话网运营企业支付国内长途网运营企业不高于0.54元/分钟	
5.2.1	从其他企业的国内长途、国际电话网，IP电话网到本地固定用户的长途落地呼叫	国内长途、国际电话网运营企业，IP电话网运营企业		被叫固定用户归属企业	国内长途、国际电话网运营企业，IP电话网运营企业	被叫固定用户归属企业	国内长途、国际电话网运营企业，IP电话网运营企业支付被叫固定用户归属企业0.06元/分钟	
5.2.2	从其他企业的国内国际电话网、IP电话网，经转接方电话网到本地固定用户的长途落地呼叫	国内长途、国际电话网运营企业，IP电话网运营企业	转接方运营企业	被叫固定用户归属企业	1. 国内长途、国际电话网运营企业，IP电话网运营企业 2. 转接方运营企业	1. 转接方运营企业 2. 被叫固定用户归属企业	1. 国内长途、国际电话网运营企业，IP电话网运营企业支付转接方0.06元/分钟+0.03元/分钟 2. 转接方支付被叫固定用户归属企业0.06元/分钟	
5.2.3	在国际出入口局所在地，从其他企业国际电话网、IP电话网到非归属国际出入口局的固定网的国际及港澳台来话呼叫	国际电话网运营企业、IP电话网运营企业		接收呼叫的国内长途网运营企业	国际电话网运营企业、IP电话网运营企业	接收呼叫的国内长途网运营企业	国际电话网运营企业、IP电话网运营企业支付国内长途网运营企业不高于0.54元/分钟	
6.1.1	经过互联点，从国内长途、国际电话网，IP电话网到其他运营企业本地网挂设的业务台	国内长途、国际电话网运营企业，IP电话网运营企业		挂设业务台的运营企业	国内长途、国际电话网运营企业，IP电话网运营企业	挂设业务台的运营企业	国内长途、国际电话网运营企业，IP电话网运营企业支付挂设业务台的运营企业0.06元/分钟	包括紧急特服台

序号	呼叫类型	去话方	转接方	来话方	计费方	核对方	结算关系及标准	备注
6.1.2	从国内长途、国际电话网、IP电话网，经转接方电话网到其他运营企业网本地挂设业务台	国内长途、国际电话网运营企业，IP电话网运营企业	转接方运营企业	挂设业务台运营企业	1. 国内长途、国际电话网运营企业，IP电话网运营企业 2. 转接方运营企业	1. 转接方运营企业 2. 挂设业务台运营企业	1. 国内长途、国际电话网运营企业，IP电话网运营企业支付转接方0.06元/分钟+0.03元/分钟 2. 转接方支付挂设业务台运营企业0.06元/分钟	包括紧急特服台
7.1.1	固定用户、移动用户拨号上互联网						互联网骨干网运营企业与主叫用户归属企业不结算	